Das Puppenspielbuch

Christiane Kutik

Das Puppenspielbuch

Praktische Anleitungen und Geschichten

Verlag Freies Geistesleben

Die Deutsche Bibliothek – CIP Einheitsaufnahme

Kutik, Christiane:
Das Puppenspielbuch :
Praktische Anleitungen und Geschichten /
Christiane Kutik. – 2. Aufl. –
Stuttgart: Verlag Freies Geistesleben, 1995

ISBN 3-7725-1187-2

NE: HST

2. Auflage 1995

Fotos: Wolpert & Strehle
Umschlag: Walter Schneider unter Verwendung eines Fotos von Wolpert & Strehle
Druck: Druckerei Ernst Uhl, Radolfzell

Inhalt

1 Spielen

Spiel mal schön!

Fast jedes Kind kennt diese gut gemeinte Aufforderung. Der Erwachsene will dann, daß das Kind Ruhe gibt und sich allein beschäftigt.
«Spiel mal schön!» Eine solche Aufforderung hat selten den gewünschten Erfolg.
Warum sollten die Kinder beiseite bleiben und Ruhe geben? Sie sind viel lieber dort, wo sich etwas rührt. Sie wollen bei den Menschen sein, die sie kennen und zu denen sie Vertrauen haben. Sie möchten teilnehmen am Leben ringsum: zuschauen und möglichst auch nachmachen, was sie da oder dort erleben.

Spielst du mit mir?

Ein Kind ist von Natur aus kein Einzelgänger – dazu entwickelt es sich vielleicht später. In seinen ersten Lebensjahren hat es auf natürliche Weise etwas Verbindendes: Es will Beziehungen zu den Menschen in seiner Umgebung aufbauen. Weder Worte noch Ermahnungen können es davon abhalten: Immer wieder kommt es herbei und macht auf sich aufmerksam.

Da kann noch so schönes oder auch besonders sorgsam ausgewähltes Spielzeug bereit liegen – Spielzeug alleine genügt nicht, und eben darauf machen die Kleinen täglich aufmerksam, wenn sie die Nähe des Erwachsenen suchen. Sie wollen dann oft nichts anderes sagen als:
«Mach mit!» – «Sei für mich da» – «Ich brauch dich» oder: «Spielst du mit mir?!»

Es ist bekannt, daß sich die Anforderungen der Kinder an die Erwachsenen erheblich einschränken lassen, wenn man ihnen technisiertes Spielzeug, Fernsehen, Gameboys und Cassetten anbietet. Jeder weiß, wie faszinierend es sein kann, Knöpfe solcher Geräte zu drücken.

Wenn kleine Kinder daran gewöhnt werden, bleiben ihre eigenen Schöpferkräfte ungenutzt. Sie sind beschäftigt. Äußerlich scheinen sie davon beglückt zu sein. Es besteht jedoch die Gefahr, daß sie in ihrem Innenleben abstumpfen. Ihre Phantasie ist nicht gefordert. Die kindliche Neugier an der Umgebung verliert sich. Warum sollte man eigene Erfahrungen machen oder selbst Ideen entwickeln, wenn es auch einfacher geht?

In unserer heutigen technisierten Welt ist es notwendig geworden, darauf zu achten, daß die Kinder nicht zu Bedienern und Konsumenten herangezogen werden. Wenn sie Freude daran haben sollen, aktiv am Leben teilzunehmen, muß man ihnen helfen, in kreatives Spielen hineinzufinden. Anreize zur Eigentätigkeit kann man ihnen nur durch das geben, was man selbst tut.

Kleine Kinder brauchen für ihre Entwicklung Erwachsene, die sie zu schöpferischem Tun anregen. Sie brauchen Menschen, nicht Spielmaschinen oder den «Computer god» – wie er z.B. in Texten von modernen Musikgruppen verherrlicht wird.

2 Vorbild

Vorbild und Nachahmung

In den ersten Lebensjahren bis ins Schulalter hinein sind die Kinder in ihrer bildsamsten Lebensphase. In dieser Zeit brauchen sie Vorbilder, die sie nachahmen können, die ihnen immer wieder vormachen, wie das ist, selbst etwas in die Hand zu nehmen, zu verwandeln und zu gestalten. Gibt man den Kindern keine Anregungen zu eigenem schöpferischen Tun, kann man auch nicht von ihnen erwarten, daß sie phantasievoll spielen. Sie sind dann oftmals hilflos und wissen nichts mit sich anzufangen.

Der Erwachsene muß selbst beweglich sein, damit auch die Kinder in Bewegung kommen können - nicht nur durch äußerliches Handeln, sondern auch innerlich.

«Kreativität», so heißt es bei Kant, «will nicht belehrt, sondern muß geübt sein.» Kinder und Erwachsene können das üben.

Mein Kind kann nicht spielen

In einem Elterngesprächskreis sind Vorbild und Nachahmung Thema des Abends. Eine Mutter berichtet von ihrem Sohn: «Was soll ich nur machen», sagt sie, «der Florian kann überhaupt nicht spielen. Dabei hat er so schöne Spielsachen. Immer hängt er herum und will da sein, wo ich bin. Ich habe auch nicht ständig Zeit, mich mit ihm abzugeben.» – Eine andere Mutter stimmt mit ein: «Ich habe schon gedacht, das ist nur bei uns so. Meine Kinder tanzen auch dauernd um mich herum. Bei der Hausarbeit kann ich das nicht haben. Wenn ich die beiden dann in ihr Zimmer schicke, hilft das auch nichts. – Dauernd kommt eines und will etwas. Wenn alles fertig ist, könnte ich schon mit ihnen spielen – aber ehrlich gesagt – ich weiß dann auch nicht, was ich mit ihnen in meiner Freizeit spielen soll.»

Spielen nur in der Freizeit?

Eine andere Mutter will wissen: «Warum dürfen denn die Kinder nicht bei der Hausarbeit dabei sein?» – «Ach, das nervt mich. Sie bringen doch alles durcheinander und außerdem dauert dann alles viel länger.» Ein Vater fragt: «Und nachahmen, was können die Kinder denn nachahmen, wenn sie immer nur fortgeschickt werden?»

Die Eltern tauschen ihre Erlebnisse und Erfahrungen aus. Eine Mutter meint, daß es gerade bei den Arbeiten im Haus viele Möglichkeiten gibt, nachzuahmen: «Ich habe eigentlich keine Freizeit, um mit den Kindern zu spielen, aber wenn ich von der Arbeit heimkomme und verschiedenes im Haushalt zu tun habe, dann dürfen die Kinder schon dabei sein. Wenn ich zum Beispiel koche oder bügle, dann wollen sie das meistens nachmachen. Bis jetzt finden sie das, was da zu Hause geschieht, immer noch sehr interessant.»

Früher konnten die Kinder doch alleine spielen

Als eine Mutter einwendet: «Aber warum müssen einem die Kinder immer vor den Füßen herumtreten. Früher konnten sie doch auch alleine spielen. Kein Mensch hat sich um sie gekümmert», wird das Gespräch sehr bewegt.

Die Eltern versuchen herauszufinden, was es mit dem Spielen der Kinder auf sich hat. Sie stimmen darin überein, daß z.B. die Stadtkinder nur noch weniges erleben, was zu phantasievollem Spiel anregt. Ein Vater sagt: «Wenn ich mir nur denke, wie weit ich heute aus der Stadt herausfahren muß, um meinem Sohn mal zu zeigen, wie Kaulquappen aussehen. Als ich klein war, haben wir gleich vom Haus aus in die Natur gehen können und ohne unsere Eltern alles mögliche entdeckt und ausprobiert.»

Spielsituation heute

Jeder von den Müttern und Vätern dieser Runde hat für sich die Erfahrung gemacht, daß den Kindern in den heutigen Lebensverhältnissen die Gelegenheiten zu spontanen Zusammenkünften untereinander fehlen und daß sie, besonders wenn sie in der Stadt wohnen, kaum noch bedenkenlos hinaus ins Freie geschickt werden können, um sich mit Gleichaltrigen zum Spielen zu treffen. Sie stellen fest, daß eine Kinderkultur, wie es sie noch zu ihrer Zeit gab, heute fast nicht mehr vorhanden ist und daß sich Spiele kaum noch von einer Kindergeneration zur anderen «vererben».

«Außerdem,» sagt eine Mutter, «ist das, womit sich die Erwachsenen ringsherum beschäftigen, auch nicht gerade sehr anregend zum Spielen.» Ein Vater pflichtet bei. Er erzählt, daß er beruflich mit Datenverarbeitung am Computer beschäftigt ist: «Mein Sohn ist fünf Jahre alt. Neulich fragte er mich: ‹Papa, was für einen Beruf hast du?› – Ich überlegte einen Augenblick, wie ich meine Arbeit beschreiben sollte. – Ich habe dann irgend etwas erzählt von einer Maschine, und daß es meine Aufgabe ist, davor zu sitzen und sie mit Zahlen zu füttern und zu rechnen. Aber da war der Kleine dann offensichtlich enttäuscht. ‹Ach so›, sagte er – und ich war auch nicht zufrieden mit meiner Antwort. Für einen Augenblick habe ich es bereut, daß ich nicht einen so eindrucksvollen Beruf vorweisen konnte, wie z.B. Straßenbahnfahrer oder Kaminkehrer, da hätte sich der Junge wenigstens etwas vorstellen können.»

Lebensnahe Bilder

Der Vater fährt fort: «Dann aber kam es mir, daß den Kindern heute Bilder fehlen, mit denen sie etwas anfangen können. Bilder aus dem Leben meine ich, Vorbilder. Das war mir vorher nie so aufgefallen. – Ich habe mir gedacht», so berichtet er weiter, «du mußt mit dem Jungen dort hingehen, wo etwas los ist. – Ja und das machen wir auch. Wir gehen jetzt öfter mal zu einer Baustelle und gucken dort zu. Manchmal fahren wir auch zum Bahnhof oder zum Hafen. Einfach nur so, auch wenn wir gar nicht vorhaben, zu verreisen. – Das kann ich nur empfehlen. Ich erlebe es dann zu Hause, wie solche Ausflüge zum Spielen anregen.»

Wie gerne Kinder überall dort verweilen, wo etwas in Bewegung ist, dazu weiß nun jeder etwas beizutragen. Auch andere haben die Erfahrung gemacht: Durchschaubare Tätigkeiten, die Kinder in ihrer Umgebung erleben, vermitteln ihnen immer neue Spielideen.

3 Kinder spielen

Anregungen zum Nachspielen

Es sind nicht nur die durchschaubaren Arbeitsprozesse, die Kinder zum Nachahmen motivieren. Auch das, was der Erwachsene in seiner Freizeit beginnt, gibt Anregung zum Nachspielen: Singen, tanzen, musizieren – Reime, Märchen und Geschichten vorlesen oder erzählen und natürlich auch das Spielen, die Lust am Erfinden, Gestalten und Verwandeln.

Erfinden, Gestalten, Verwandeln

– dafür braucht man nicht viel Spielzeug und vor allem keine zweckbestimmten Spielmaterialien. «Weniger ist mehr», diese sprichwörtliche Rede gilt besonders für die Dinge, mit denen wir die Kinder umgeben. Je weniger perfektes Spielzeug sie haben, um so mehr sind sie in ihrer Phantasie gefordert, selbst etwas zu erfinden. «Wenn das Kind zu viel hat, dann wird es wesentlicher Dinge beraubt: nämlich seiner Fähigkeit, zu imaginieren, mit Lust zu spielen, zu improvisieren.» (Astrid v. Friesen: «Geld spielt keine Rolle»)

Jedes Kind ist schöpferisch und phantasiebegabt, wenn es die Gelegenheit dazu hat.

Das Kind als Künstler

Wo es möglich ist, die Kinder mit wenig vorgefertigtem Spielzeug zu umgeben, kann man erleben, mit welcher Phantasie sie verschiedene Gegenstände ergreifen und für ihre Spiele verwenden. Sie verschaffen sich dann die Figuren und Puppen, die sie gerade brauchen und erwecken sie zum Leben durch ihr Spiel. Für Augenblicke kann z.B. ein Zapfen, ein Hölzchen oder eine Kartoffel lebendig werden.

Carl Zuckmayer erinnert sich an Phantasiespiele mit seinem Bruder. Jahrelang spielten die beiden «Kartoffelkomödie». Er schreibt, daß die Buben mit diesem Spiel sich selbst und ein paar Freunde besser unterhalten konnten als mit den präfabrizierten Puppen- oder Kaspertheatern:

Kartoffelkomödie

«Im Keller unseres Elternhauses lagen im Winter stets größere Haufen verschiedener Erdäpfelsorten (Kartoffeln) … Aus denen wurden die Schauspieler ausgesucht, der Begabungsnachweis war die Form, die sie für eine bestimmte Art von Kopf geeignet machten. Mit allerhand zusammengeklaubtem Zeug, Stoffetzen aus der Nähstube, Putzwerg, Wattebäuschchen, Glassplittern, kleinen Kieselsteinchen und Kohlestückchen, Karotten, die sich besonders gut für Nasen eigneten, Stanniol oder Glanzpapier wurden sie zu Typen, Charakteren, Personen ‹ummontiert›, um dann über dem Rand einer leeren Kiste zu agieren.»

4 Freude am Spielen

Schauen, entdecken, staunen

Im Umgang mit kleinen Kindern kann uns durch sie ein Tor geöffnet werden, das vom sachlichen Alltag hinausführt in die Welt der kleinen Wunder, die uns täglich umgeben. Für ihre Spiele verwenden die Kinder gerne Dinge, an denen Erwachsene oft achtlos vorübergehen. Verschiedenste Steine oder Bachkiesel, Blätter, Gräser, Zapfen, Wurzeln und Moose sowie auch Sonne, Mond und Sterne können ihre Phantasie anregen. Beglückend ist für sie der augenblickliche Einfall, er steht über jedem materiellen Wert. Am schönsten ist es für die Kinder, wenn sich der Erwachsene mit ihnen freuen kann.

Maria Schell erinnert sich an eine Begebenheit mit ihrer kleinen Tochter:

«Ich hatte sie noch auf dem Arm, und sie war ganz leicht. Der Mond stand hinter der großen Trauerbuche vor unserer Terrasse. Sie zwickte mich in den Arm. Ich sollte nach links gehen. Aufgeregt flüsterte sie: ‹Mami, da› und zeigte mir den Mond. Er gehörte ihr, sie hatte ihn entdeckt. Dann mußte ich wieder nach rechts hinter die glitzernden Blätter – der Mond war weg. Wieder drei Schritte links und er war da, drei Schritte rechts – er war weg. Sie schob den Mond hin und her. Es war ihr Mond.»

Sprechen und bewegen

Aufmerksam zu sein auf das, was Kinder mitzuteilen haben, das fällt dem Erwachsenen nicht immer leicht. Wenn man aus dem Berufsalltag heraus nach Hause kommt, gelingt es einem oft nicht gleich, sich auf die Kinder einzustimmen. Diese aber freuen sich, die Mutter, den Vater endlich wiederzusehen. Sie können gar nicht verstehen, wenn man nun erst einmal Ruhe haben will und sich nicht ebenso freut. Gleich kommen sie herbei und wollen, daß man etwas mit ihnen anfängt.

Der Erwachsene, der vielleicht vorher eher kopflastig beschäftigt war, muß sich erst auf die Kinder einstellen. Verschiedene Reimspiele können zur Auflockerung beitragen.

Ein Vater erzählt, daß er von seinen Kleinen immer sehr bestürmt wird, wenn er nach Hause kommt. Er sagt, daß er sich mit den Kindern jeden Abend erst mal «einpendeln» muß. Dafür hat er ein sehr einfaches Spiel, das allen großes Vergnügen macht: Er faßt ein Kind unter den Armen und läßt es eine Weile zwischen seinen Beinen hin- und herpendeln, dazu hat er einen Spruch, den er noch aus den eigenen Kindertagen kennt:

Bimmel, bemmel,
Wurst und Semmel,
Semmel und Wurst,
hab einen Durst.

Eine Mutter, die sich von ihrer Arbeit im Büro sehr angestrengt fühlt, sagt, daß sie nicht so einfach abschalten kann, wenn sie wieder daheim ist. Es gelingt ihr nicht ohne weiteres, sich auf ihre beiden kleinen Kinder einzustimmen. Sie hat herausgefunden, daß sie den Übergang viel leichter schafft, wenn sie unterwegs nach Hause Kinderreime vor sich hersagt. Einige Verse, die ihr gefallen, hat sie sich auf Kärtchen abgeschrieben. Diese Kärtchen hat sie sich ins Auto gelegt. Wenn sie im Stau steht oder an der Ampel warten muß, überbrückt sie die Wartezeit und lernt immer wieder mal einen neuen Reim. Sie sagt, seitdem sie das so macht, kommt sie nicht nur anders gestimmt nach Hause – auch die Kinder freuen sich über die kleinen Reimspiele, die sie nun mit ihnen spielen kann.

Einfache Reime

Reime sind im Umgang mit den Kindern manchmal wie Wundermittel. Es läßt sich ausprobieren: wenn man als Erwachsener einen Kinderreim spricht, dann ändert sich, fast wie von selbst, der Tonfall. Ohne daß man besonders daran denkt, legt sich in die Stimme auf einmal ein wärmerer weicherer Sprachklang. Kleine Kinder fühlen sich da sofort angesprochen. Sie lieben Kinderverse und Reimspiele. Es gibt viele einfache Kinderreime, die zur Bewegung einladen.

Erste Spielfiguren

Für kleine Kinder ist es das Schönste, wenn der Erwachsene sich Zeit nimmt und mit ihnen spielt. Spielen kann man mit einfachsten Mitteln. Die zuverlässigsten Spielfiguren sind Finger und Hände, denn sie sind immer zur Stelle. Sie können in die verschiedensten Rollen schlüpfen. Sobald das Kind aus dem Säuglingsalter heraus ist, gibt es allerhand Krabbelverschen, die ihnen Vergnügen machen. Da lehnt sich das Kind gerne an den Erwachsenen an oder es läßt sich von ihm auf den Schoß nehmen und sich an seinen kleinen Fingern ein Verslein in die Hand zählen:

Der ist ins Wasser gefallen,
der hat ihn herausgezogen,
der hat ihn ins Bett gelegt,
der hat ihn zugedeckt,
und der kleine Schelm da
hat ihn wieder aufgeweckt.

Solche und ähnliche kleine Reimspiele wünschen sich die Kinder möglichst oft hintereinander. Sie lieben die Wiederholung!

Von mir zu dir

Fingerspiele sind eine Vorstufe zu den späteren Puppenspielen. Es sind Beziehungsspiele vom Ich zum Du. Gespielt wird von meiner Hand in deine Hand und von einer Hand zur anderen Hand. Für die kleinen Kinder ist es ein kribbeliges Vergnügen, wenn dann die ganze Hand in Bewegung kommt. Bei dem folgenden Spiel trippeln die Finger des Erwachsenen allmählich den Arm des Kindes hinauf, und schließlich klingelt der Zeigefinger oben am Ohrläppchen:

Da kommt die Maus,
da kommt die Maus,
klingelingeling ist jemand zu Haus?

Die Finger können sich in Mäuschen verwandeln. Sie trippeln und trappeln herum, bis sie auf einmal hinter dem Rücken des Erwachsenen verschwinden:

In unserem Häuschen
sind schrecklich viel Mäuschen,
Sie trippeln und trappeln,
sie zippeln und zappeln,
sie stehlen und naschen,
und will man sie haschen –
husch, sind sie weg.

Die Finger können auch Tierlein sein. Folgendes Fingerspiel wird möglichst ruhig gespielt. Je weniger man mit den Fingern herumwackelt, um so mehr Wirkung hat das Spiel. Das dicke Däumelein und all die anderen Finger werden nur angetippt. Zu Beginn werden alle Finger leicht bewegt. Dann verbergen sich die Finger der rechten Hand im «Stall». Dorthin verschwinden sie auch wieder, wenn das Spiel zu Ende ist:

Alle meine Fingerlein
wollen einmal Tierlein sein.
Die linke Hand, die ist der Stall,
schlafen zur Nacht die Tierlein all.
Dieses dicke Däumelein
ist ein kleines fettes Schwein.
Zeigefinger ist das Pferd,
ist dem Reiter lieb und wert.
Mittelfinger ist die Kuh,
hört nur, wie sie schreit: «Muh, muh!»
Ringfinger ist der Ziegenbock,
hat 'nen langen Zottelrock.
Und das kleine Fingerlein
soll mein liebes Schäflein sein.
Tiere laufen im Galopp
über Stock und Stein hopp, hopp,
alle in den Stall hinein,
denn es bricht die Nacht herein.

5 Spielfiguren

Eigene Spiele aufbauen

Wo etwas in Bewegung kommt, sind Kinder gleich aufmerksam. Wenn der Erwachsene neben Fingern und Händen auch kleine Puppen ins Spiel bringt, sind sie fasziniert. Selbst die einfachsten Spielfiguren wirken außerordentlich anregend auf die Nachahmungsfreude. Wenn die Kinder immer wieder die Gelegenheit haben, Puppenspiele zu erleben, dann erwacht früher oder später die Lust in ihnen, auch das zu tun, was der Erwachsene vormacht.

Spielpuppen

Um Puppenspiele zu spielen, sind ausgearbeitete Figuren, zumindest für den Anfang, nicht notwendig. Als Puppe kann für ein kleines Kind vieles gelten, was äußerlich gar nicht so aussieht. Da wird z.B ein Stöckchen sogleich als Puppe angesehen, wenn jemand es in Bewegung bringt und sprechen läßt. In den verschiedensten Gegenständen, die sich finden lassen, kann etwas verpuppt sein. Es muß nur zum Leben erweckt werden.

Kinder, die wenig Spielzeug haben und die es gewohnt sind, etwas mit ihrer Phantasie zu beleben, haben einen natürlichen Sinn für das Wesentliche. Sie haben die Fähigkeit, improvisierte Figuren als die gemeinten Gestalten deutlich zu erkennen.

Die Knotenpuppe

Ein Kopftuch, ein Schal, eine Serviette oder ein Taschentuch lassen sich ohne weiteres in eine Puppe verwandeln. Das muß gar nicht geheimnisvoll geschehen, im Gegenteil: Die Kinder schauen gerne zu, wenn eine solche Figur entsteht, und sie sind gleichzeitig angeregt, nachzumachen, was sie sehen. Lebendiges Denken und Handeln wird gerade dadurch gefördert. daß nicht alles perfekt vorhanden ist. Anregend ist nicht nur das Spiel selbst, sondern auch die Vorbereitungen dafür.

Ein aufgefaltetes Taschentuch wird mit drei Knoten versehen. Der eine Knoten bildet den Kopf, die beiden anderen sind die Hände.

Es gab eine Vorstellung auf der Schulbühne. Die fünfjährige Nina saß erwartungsvoll im Zuschauerraum, denn der größere Bruder sollte auch auf-

Abb. 1

treten. Am Anfang war das Mädchen noch ganz gespannt. Es hielt Ausschau nach dem Bruder. Als es ihn endlich entdeckt hatte, konnte es nicht mehr stillhalten. Es wurde ziemlich unruhig. Die Großmutter saß neben ihm. Sie öffnete ihre Handtasche, nahm ein kleines Stofftaschentuch heraus und faltete es auseinander. Nina guckte neugierig. Was machte die Großmutter da? Irgend etwas entstand zwischen ihren Fingerspitzen. Das Mädchen schaute aufmerksam zu. Es blickte die Großmutter an. Die nickte freundlich, und jetzt ließ sie ein kleines Püppchen hinüber auf den Schoß des Kindes tanzen. Ein strahlendes Lächeln. Nina nahm das Püppchen und hielt es ganz fest, bewegte es wieder und sie hatte ihre Freude daran. Die Unruhe war verflogen. Nach der Vorstellung meinte die Mutter: «So, nun geben wir der Omi wieder ihr Taschentuch zurück.» – Darauf rief das Mädchen entrüstet: «Aber das ist doch kein Taschentuch, das ist doch eine Puppe!»

Puppenspiele spielen kann jeder

Wer Puppenspiele spielen will, braucht dazu keine besondere künstlerische Erfahrung. Auch Anfänger, die damit überhaupt noch nicht vertraut sind, können Puppenspiele spielen, wenn sie es wollen. Für kleine Kinder ist es immer eine Freude, Erwachsene beim Spielen zu erleben.

Sprechen mit der Puppe

Wer eine Puppe führt, ändert, fast wie von selbst, auch seinen Tonfall. Die Stimme wird ruhiger, und sie ist in ihrem Klang viel mehr auf die Kinder eingestimmt. Diese andere Sprechweise, verbunden mit den Bewegungen der Puppe, öffnet die Herzen der Kinder. Sie fühlen sich davon gleich angezogen. Wenn der Erwachsene anfängt, eine Figur zu bewegen und dazu zu sprechen, dann braucht er das Kind nicht zu rufen. Es kommt sofort herbei.

Eine Mutter, die einen sehr lebhaften dreijährigen Sohn hat, der nie recht hören mag und immer macht, was er will, erzählt: «Eines Tages bekam der Bub eine kleine Fingerpuppe geschenkt. Mein Sohn hat sie ausgepackt und gar nicht weiter beachtet. Die Puppe lag eine Zeitlang irgendwo im Kinderzimmer herum. Einmal habe ich sie mir eher zufällig auf den Finger gesetzt und durch die Puppe mit meinem Sohn gesprochen. Es war unglaublich. Auf einmal hat der Kleine zugehört, er war ganz aufmerksam. Aber das war nicht nur am Anfang so. Immer, wenn ich die Puppe auf dem Finger habe und zu ihm spreche, verhält er sich völlig anders. – Jetzt ist mir die Puppe schon langsam unheimlich.»

Texte selbst erfinden

Beim Spielen mit Spielpuppen kann man immer wieder die Erfahrung machen, daß die Wirkung des Spieles weniger vom Text abhängt, als von der Spielweise. Wenn die Kinder spüren, daß der Erwachsene mit Freude bei der Sache ist, dann kann ihnen ein schlichter Text viel Vergnügen machen.

Wenn man noch wenig geübt ist, genügt es, die Puppe einfach nur ein wenig zu bewegen und in einem einfachen Sing-Sang etwas dazu zu sprechen, was einem gerade einfällt. So kann z.B. eine Knotenpuppe, die soeben entstanden ist, vor dem Kinde hin- und herspazieren und etwas erzählen:

Da kommt die kleine Liesel an,
schau nur, wie sie tanzen kann!

Da kommt die kleine Liesel an,
Schau nur, wie sie hüpfen kann!

Da kommt die kleine Liesel an,
schau nur, wie sie sitzen kann!

Einfache Sätze lassen sich auch mit Hilfe der Kinder weiterdichten und natürlich auch mehrmals wiederholen. So eine kleine Spielpuppe wie die Liesel kann z.B auch lachen, singen, springen, schlafen und vieles mehr. Wenn sie bewegt wird, fällt den Kindern immer wieder etwas dazu ein.

Die Puppe in Gesellschaft

Sowie noch eine andere Figur auftaucht, kann schon ein erstes kleines Spieltheater entstehen. Die Puppen können sich etwas erzählen.

Vertraute Texte

Am Anfang wählt man am besten möglichst einfache Texte für Puppenspiele. Das wichtigste ist, überhaupt erst einmal ins Spielen zu kommen. Fast jeder Erwachsene kennt noch einige Verse aus der eigenen Kinderzeit.

Anregungen für erste Puppenspiele geben auch Bilderbuchtexte oder Kinderlieder:

Hänschen klein

Hänschen klein
ging allein
in die weite Welt hinein.
Stock und Hut
steht ihm gut,
ist ganz wohlgemut.

Aber Mutter weinet sehr,
hat ja nun kein Hänschen mehr.
Da besinnt sich das Kind
und kehrt heim geschwind:

«Lieb Mama,
ich bin da,
Hänschen aus Amerika!»

«Komm herein
Hänschen mein,
komm ins Haus herein.
Sag' mir was hast du gesehn!»

«Die weite Welt ist wunderschön!»

Die Mutter nickt:
Welch ein Glück
Hänschen ist zurück.

Vorbereiten

- 2 Papiertaschentücher
- die Tücher auffalten
- je in eine Ecke einen Knoten hineinknüpfen
- für Hänschens Hütchen ein Taschentuchende etwas nach oben herausziehen. Ein Zahnstocher oder ein Schreibstift kann sein Stock sein.

Spielführung

Hänschen und Mutter in je einer Hand halten. Wenn die Mutter weint, kann mit einem Finger ihr Gewand in Richtung Kopf bewegt werden, um die Tränen zu trocknen.

Ein derartiges einfaches Spiel ist beeindruckend auch für Kinder, die zu Hause größere Mengen von Spielzeug haben. Sie sind ganz überrascht, wenn sie sehen, wie sich so ein schlichtes Papiertaschentuch verwandeln läßt.

Abb. 2

6 Spielen mit Tüchern

Spieltücher verwandeln

Spieltücher sind so vielseitig verwendbar wie kaum ein anderes Spielzeug. Für Kinder im Vorschulalter, die gewöhnt sind, damit umzugehen, gehören sie zu den wichtigsten und meistbenutzten Spielutensilien. Man kann sie für vielerlei phantasievolle Spiele verwenden.

Aus Spieltüchern lassen sich Puppen knüpfen und Landschaften für Puppenspiele gestalten. Man braucht sie zum Häuschen bauen, zum Verkleiden und zum Verstecken. (Anleitungen für Spieltücher siehe Kap. 15).

Tücher können zu verschiedenen Figuren werden:

Der Zauberer

Kommt der Zauberer daher:
«Bin ein Tuch, schaut nur her.
Einen Spruch will ich tun.
Ich verwandle mich nun:
Eine Puppe bin ich bald,
dann ein Zwerglein im Wald,
dann ein Böcklein, o schau!
Nun ein prächtiger Pfau,
eine Gems im Gestein,
auch ein Fisch kann ich sein.
Jetzt bin ich eine Maus!
Und die Maus geht ins Haus.»

Spielaufbau

Es genügt ein einfaches Tuch. Dieses läßt sich mit immer neuen Handbewegungen in vielerlei Gestalten verwandeln.

Spielführung

Ein Zauberer tritt auf, da kann es ruhig etwas geheimnisvoll zugehen. Der Text wird nicht zu schnell gesprochen, denn immer, wenn der Zauberer etwas Neues gezaubert hat, muß auch Gelegenheit sein, über das zu staunen, was entstanden ist.

«Kommt der Zauberer ...»: Beide Hände bewegen sich langsam auf ein großes Spieltuch zu und breiten es aus. «Bin ein Tuch ...»: Dann bildet man bei jeder Verwandlung eine neue Form, so wie es einem gerade einfällt. Zum Schluß schlüpft die Maus ins Haus. Jetzt ist sie nicht mehr zu sehen. Sie ist verschwunden z.B. unter einer Decke. Meistens wollen die Kinder dann, daß die Maus wieder herauskommt und daß man das Spiel nochmal spielt.

Der Schäfer Hinkefuß

Hier kommt der Schäfer Hinkefuß,
der lahm ist und der hinken muß.
Er will jetzt zum Herrn Doktor gehn,
der soll einmal das Bein besehn!

«O je, o jemine!
Es schmerzt, es tut sehr weh! ...»

«Ich heile dir dein Bein sogleich,
bestreichs mit Salbe fein und weich,
nun kommt noch ein Verband darauf.
Nun tritt mal fest und kräftig auf!»

«Juchehei, das Bein ist nicht mehr krank.
Habt Dank, Herr Doktor, schönen Dank!»

Der Schäfer geht gesund nach Haus,
er sieht so frisch und munter aus.
Er wandert heim mit festem Schritt.
Wir freun uns alle, alle mit!

Vorbereiten

– 2 quadratische Tücher

Spielaufbau

Ein Tuch als Spielebene ausbreiten (kann, falls nicht zur Hand, auch weggelassen werden). Den Schäfer und den Doktor aus je einem quadratischen Tuch knüpfen:

Das Tuch wird etwa in dem bezeichneten Punkt so hochgenommen, daß ein Stoffzipfel entsteht, der sich locker zu einem Kopf knoten läßt. Knoten in den längeren herabhängenden Stoffzipfeln bilden die Füße. Aus den kürzeren Stoffzipfeln lassen sich die Hände abknoten.

Spielführung

Langsam sprechen, ruhige Bewegungen!
Der Hinkefuß wird mit einer Hand unterhalb des Kopfes von außen gehalten. Da er nur humpeln kann, greift man die Figur so, daß sie nur mit einem Bein auf dem Boden steht. Mit der anderen Hand wird der Doktor bewegt: Der kommt und schaut. Wenn der Verband umgebunden wird (z.B. Taschentuch), werden beide Figuren kurz abgesetzt. Wenn das Spiel zu Ende ist, kann man das Tuch von der Spielebene einfach über die Figuren ziehen. Sie schlafen dann.

Abb. 3

7 Tücher und Figuren

Spielen mit Tüchern und Figuren

Wenn man die Kinder anregen will, selbst etwas zu erfinden, dann brauchen sie Vorbilder. Es liegt an den Erwachsenen, ihnen zu zeigen, wie man sich mit Gegenständen behelfen kann, die man zur Hand hat.

So ist es durchaus möglich, Puppenspiele zu spielen, wenn keine besondere Ausrüstung dafür vorhanden ist. Gerade dieses Improvisieren und Zurechtkommen mit Vorhandenem erweckt die Flexibilität, auf die es ankommt in einer Zeit, in der durch die Fülle von perfektioniertem, zweckgebundenem Spielzeug die Phantasie nur noch wenig zu tun hat.

Figuren können aus Materialien entstehen, die einem gerade zur Hand sind: aus Schals, Kopftüchern, Servietten und natürlich auch aus Spieltüchern. Zwei kleine Puppenspiele möchten dazu einladen:

Abb. 4

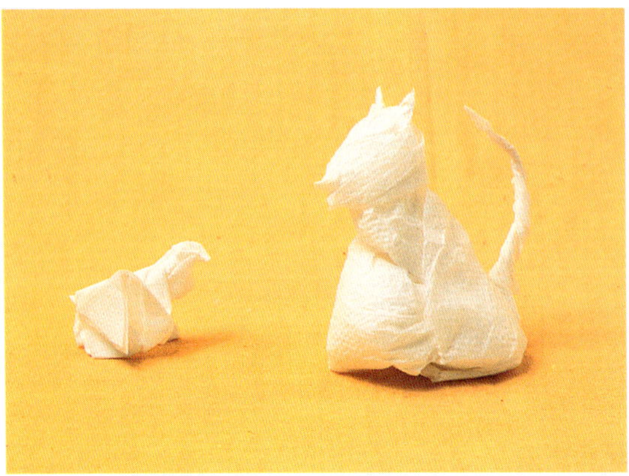

Miezekatz

Vor dem Hause auf dem Platz
sitzt ein kleiner frecher Spatz.
Dreht sein Köpfchen hin und her:
«Piep» sagt er und freut sich sehr.

Plötzlich wird er aufgeregt,
denn es hat sich was bewegt.
Leise, leise schleicht zum Platz
Pussi eine Miezekatz.

Doch der kleine freche Spatz
ist viel schneller als die Katz.
Fliegt davon und fort ist er.
Miezekatz schaut hinterher.

Vorbereiten

Katze

Die Katze läßt sich aus einer Papierserviette knoten: Die Serviette auffalten, in eine Ecke einen möglichst kleinen Knoten hineinknüpfen, so daß noch ein sehr kleiner Zipfel nach oben heraussteht. Dieser Zipfel wird in der Mitte eingerissen oder eingeschnitten: es entstehen dreieckige Katzenohren. Danach in die gegenüberliegende Ecke der Serviette einen möglichst großen, lokkeren Knoten hineinknüpfen. Der herausstehende Zipfel wird zu einem Schwanz gedreht.

Spatz

Aus einem kleinen Stück Papier oder Papierserviette wird eine Vogelform gebildet.

Spielebene

Es genügt ein großes Tuch. Dieses kann, falls nicht zur Hand, auch wegbleiben.

Spielführung

Mit einer Hand wird der Spatz gehalten und kaum bewegt: Er sitzt in der Landschaft. Er wird unruhig, denn langsam schleicht die Katze herbei. Sie kommt immer näher. Doch der Spatz fliegt davon.

Kleines Hirtenspiel

Jetzt kommt der Hirte Fridolin,
er will auf seine Weide ziehn.
Er geht zu seinen Schäfchen raus
und führt sie bald zum Stall hinaus.

Hört, wie ihre Glöckchen klingen!
Kling, kling, klang, kling, kling, klang.
Seht nur, wie die Schäflein springen.
Trab, trab, trab, den Weg entlang.

Auf der Wiese ist es schön.
Da bleiben alle Schäflein stehn.

«Ihr Schäflein, freßt nun frischen Klee!»
Die Schäflein rufen: «Mäh, mäh, mäh!»
Sie rupfen Klee und grünes Gras
und hüpfen froh. – Ist das ein Spaß!

Am Abend sagt der Fridolin:
«Jetzt müssen wir nach Hause ziehn!
Kommt nun in den Stall hinein,
ihr lieben Schäfchen und schlaft ein!»
Der Fridolin geht auch zur Ruh.
Er schließt nun seine Augen zu.

Vorbereiten

Alles, was man für dieses Spiel braucht, läßt sich aus Dingen improvisieren, die sich gerade finden lassen.

- Der Hirte läßt sich z.B. aus einem Schal knoten,
- Schäfchen können aus Papierservietten oder -taschentüchern entstehen: Wenn ein Knoten für den Kopf geknüpft ist, wird das restliche Tuch nach innen genommen und etwa zu einer Schafsform gebildet.

Spielführung

Der Hirte wird langsam bewegt. Immer wenn von den Schäflein die Rede ist, werden diese in Ruhe nacheinander geführt.

Abb. 5

8 Stehpuppen

Puppenspiele mit Stehpuppen

Kleine Kinder im Vorschulalter versuchen, die Dinge in ihrer Umgebung von außen her zu erfassen. Für sie ist es wichtig zu sehen, wie etwas entsteht und wodurch es in Bewegung kommt. Wenn sie das erleben können, sind sie unmittelbar angeregt, nachzuahmen und nachzuspielen. Bei Vorgängen im Alltag ist das ebenso wie bei Puppenspielen.
Spiele mit Stehpuppen sind daher besonders für jüngere Kinder geeignet. Hier werden die Figuren von außen bewegt und beseelt. Alles, was auf der Spielebene geschieht, ist durchschaubar. Die Handpuppe, Marionette oder das Schattenspiel sind für dieses Alter noch nicht geeignet, weil der Spielvorgang für das Kind nicht nachvollziehbar ist.

Material für Stehpuppen

Stehpuppen können aus ungesponnener, gekämmter Schafswolle hergestellt werden. Dieses Material ist leicht zu verarbeiten. Auch Anfänger, die nicht mit Handarbeiten vertraut sind, werden hier schnell ein Erfolgserlebnis haben.

Vlieswolle

Ungesponnene Schafswolle ist in Naturfarben, wie wollweiß, grau und braun erhältlich. Bei den hier angegebenen Anleitungen wird mit dem sog. Wollvlies gearbeitet. Dieses wird z.B. von Schäfereien in Rollen verkauft (s. Bezugsquellen S. 109). Eine Rolle sieht ausgebreitet wie eine weiche Wolldecke aus. Das Wollvlies liegt in der sogenannten «Lage». Die feinen Wollfäden sind hier alle in eine Richtung gekämmt. Sie liegen dicht neben- und übereinander. Es gibt, so wie z.B. bei einem Papierbogen, nur eine Faserrichtung. In dieser Faserrichtung läßt sich Wolle in der gewünschten Breite mit den Händen abteilen.

Märchenwolle

Ungesponnene Schafswolle gibt es auch in verschiedenen Farbtönen, die mit Pflanzenfarben eingefärbt sind. Es ist die sogenannte Märchenwolle. Aus Märchenwolle in verschiedenen Gelb-, Rot- und Brauntönen werden die Haare der Puppen gefertigt. Auch Tiere wie z.B. der grüne Frosch oder der rote Fuchs können aus diesem Material hergestellt werden. Märchenwolle wird meistens in kleinen Sortimentpackungen mit mehreren Farben angeboten (siehe Bezugsquellen, S. 109).

Abb. 6

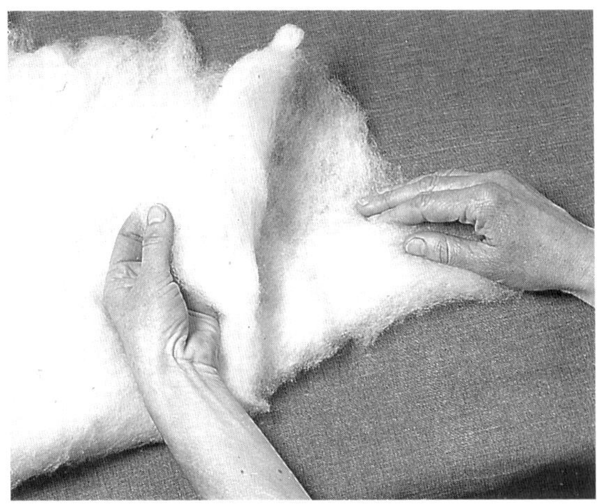

Das Abbinden

Die Wollfiguren werden durch Abbinden in Form gebracht. Aus dem Wollvlies lassen sich an jeder gewünschten Stelle feine Wollfäden aufnehmen und zum Umwickeln verwenden. Man nimmt einige Fäden zwischen die Fingerspitzen, zieht sie behutsam länger und wickelt sie mehr oder weniger fest um die gewünschte Stelle (Abb. 12/13). Wollpuppen können also ohne weitere Hilfsmittel gefertigt werden.

Wenn das Herausziehen der Wollfäden noch nicht so gut gelingt, nimmt man Nadel und Faden zu Hilfe, um einzelne Teile zu befestigen.

Wer sich mit der ungesponnenen Schafswolle vertraut machen möchte, kann zunächst einmal mit einer einfachen Stehpuppe beginnen:

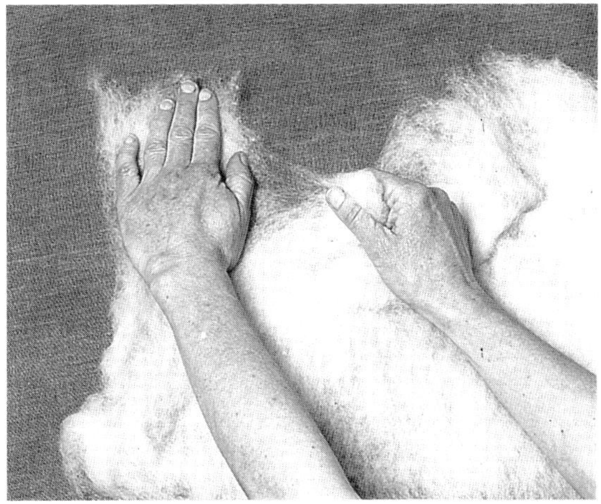

Abb. 7

Einfache kleine Stehpuppen

Für eine kleine Spielfigur ist eine ganze Lage Wollvlies zu dick. Man hebt etwa nur ein Viertel ab (Abb. 6). Durch diese dünne Lage kann man hindurchschauen, wenn man sie gegen das Licht hält. Es werden zwei Teile benötigt:

- **Teil 1** für den Körper: ein Vliesstück – etwa in Handgröße (Abb. 7)
- **Teil 2** für den Kopf: ein Vliesstück – etwa Handtellergroß (Abb. 8)

Abb. 8

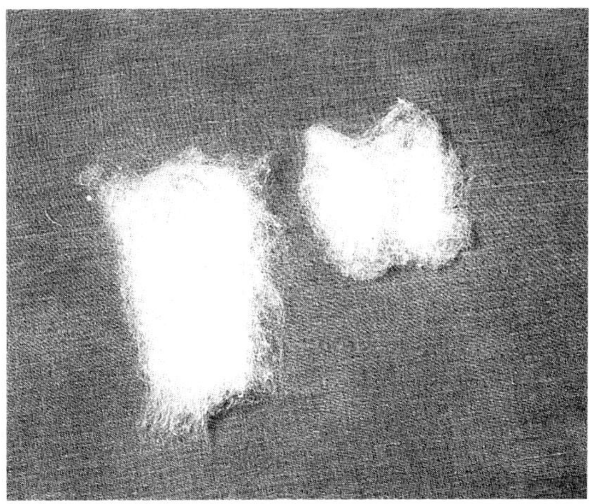

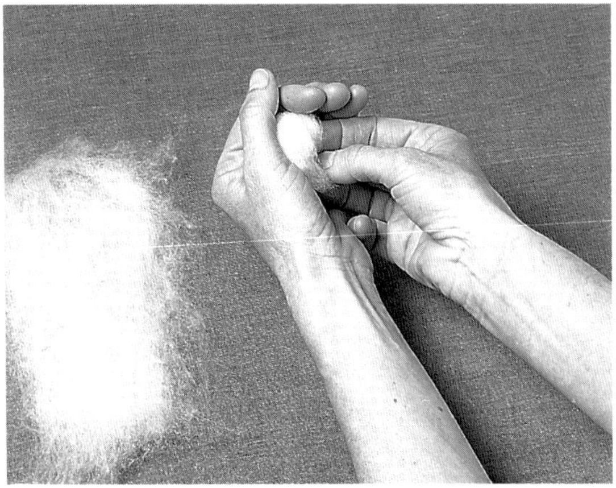 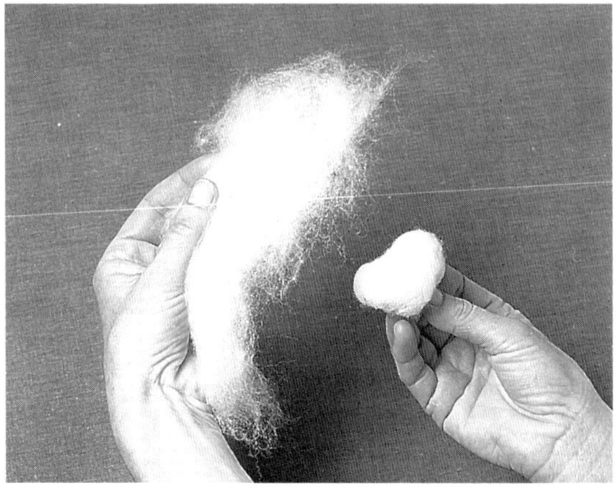

Abb. 9 *Abb. 10*

Abb. 11

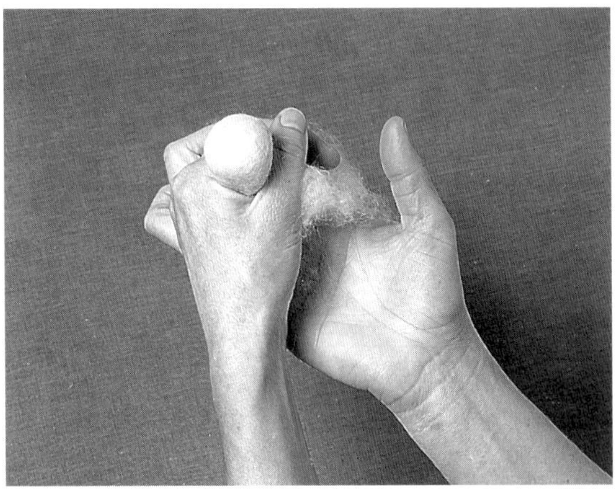

Kopf

Teil 2 in etwa zu einer Kugel zusammennehmen (Abb. 9), Teil 1 mittig darüberlegen (Abb. 10). Daumen und Zeigefinger einer Hand zu einem Ring schließen, die mit Vlies überzogene Kopfkugel mit der anderen Hand hindurchschieben (Abb. 11). Kopf abbinden (Abb. 12, 13).

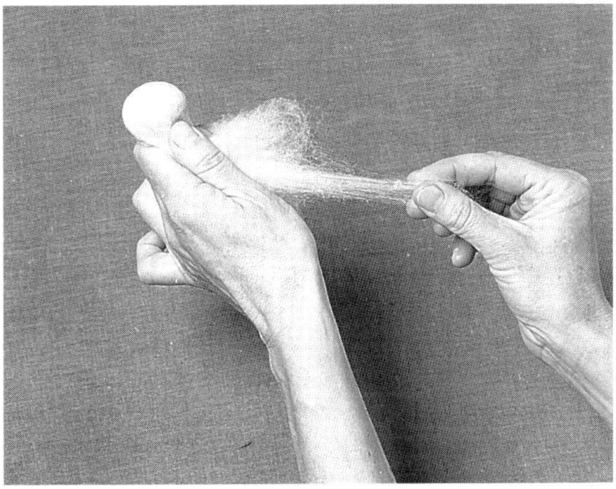

Abb. 12

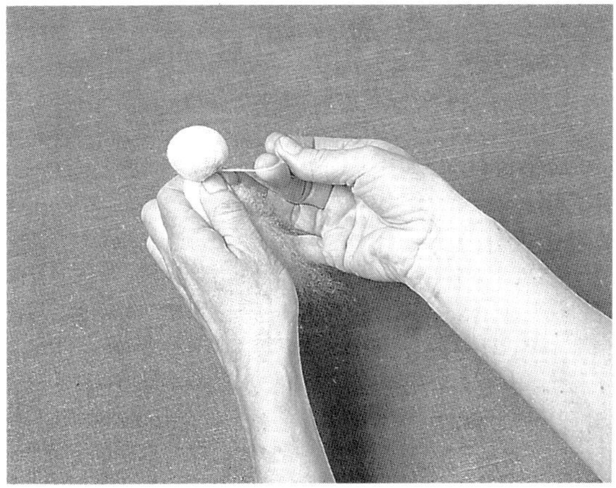

Abb. 13

Abb. 14

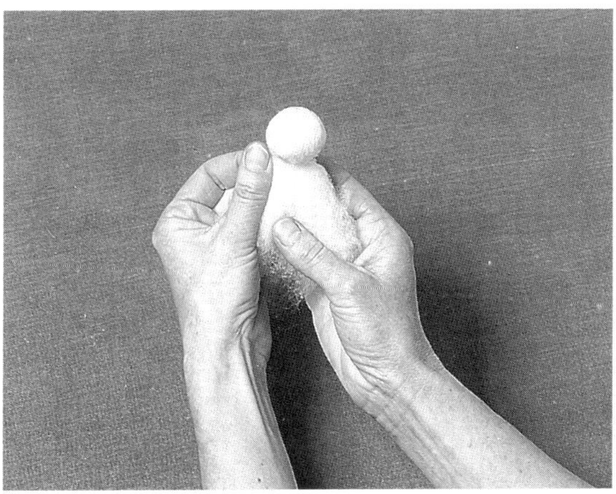

Abb. 15

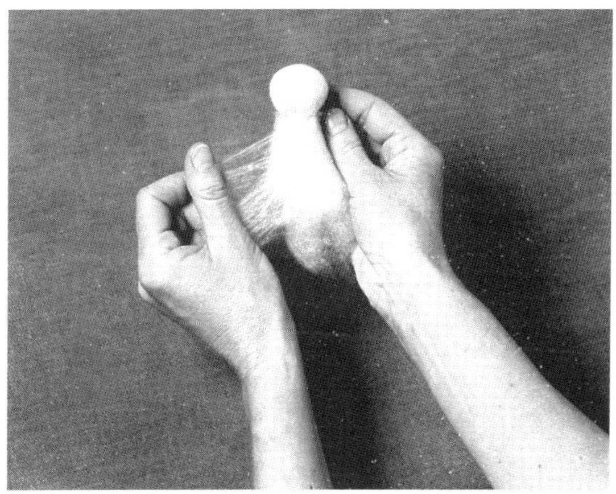

Körper

Bei der einfachen Stehpuppe braucht der Körper nicht weiter ausgestaltet zu sein. Es genügt, wenn man das Wollvlies unter dem Kopf zu einem Kegel zusammennimmt (Abb. 14). Durch einige Wollhaare, die man da oder dort herauszieht und behutsam um den Körper legt, kann dieser in Form gehalten werden (Abb. 15). Für die Standfestigkeit der Figur schiebt man die Wolle unten etwas nach innen (Abb. 16).

Einfache Stehpuppen können mit Haaren versehen werden. Man zupft dafür etwas Märchenwolle zurecht und legt sie um den Kopf (Abb. 17). Stehpuppen dieser Art können in verschiedenen Größen entstehen (Abb. 18). Wenn man etwa Vater, Mutter und Kind formen will, teilt man die Vliesstücke im gleichen Verhältnis entsprechend größer oder kleiner ab.

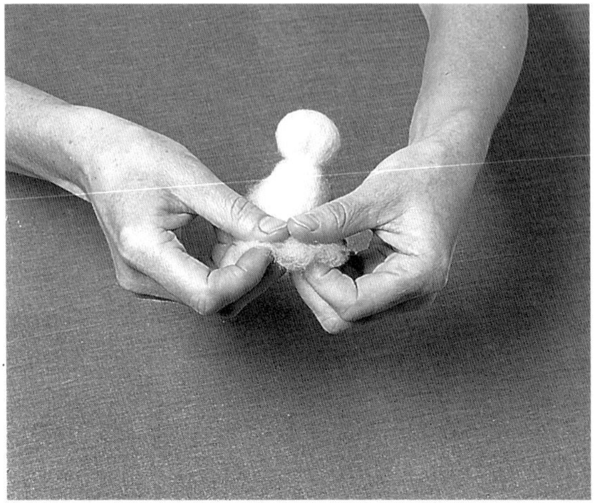

Abb. 16

Abb. 17

Abb. 18

Kinder haben solche schlichten Püppchen sehr gerne. Wenn sie einmal heraushaben, wie man mit ungesponnener Schafswolle umgeht, formen sie auch selbst gerne Figuren daraus – nicht nur für sich, sondern auch zum Verschenken.

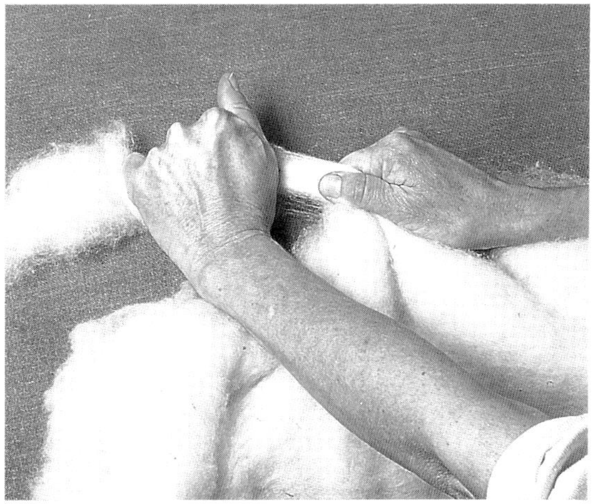

Abb. 19

Einfache Figuren mit Armen und Beinen

Aus Vlieswolle können mühelos auch kleine Spielpuppen mit Armen und Beinen gefertigt werden. Sie lassen sich ohne weitere Hilfswerkzeuge wie Nähzeug, Schere oder Klebstoff herstellen. Aus immer der gleichen Grundform können männliche oder weibliche Figuren geformt werden.

Grundform Puppe

Die Grundform besteht aus zwei Teilen:

- **Teil 1:** Ein Band aus Wollvlies für den Körper
- **Teil 2:** Ein Stück Wolle für den Kopf

Die Charakteristik der Figuren ergibt sich dadurch, daß Teil 1 und Teil 2 in unterschiedlichen Stärken oder auch Wollfarben verwendet werden.

Abb. 20

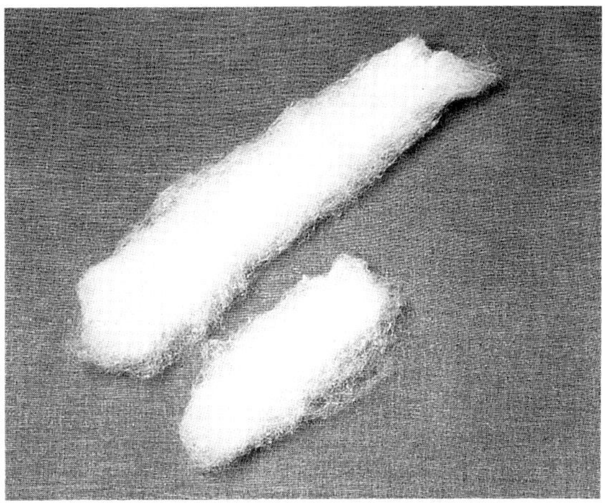

Kleine männliche Puppe

Eine Lage dünnes Wollvlies abheben (Abb. 6), davon zwei Bänder abteilen (Abb. 19, 20):

- **Teil 1** – Körper: etwa 2 – 3 Finger breit und 30 cm lang
- **Teil 2** – Kopf: wie Teil 1, jedoch nur 15 cm lang

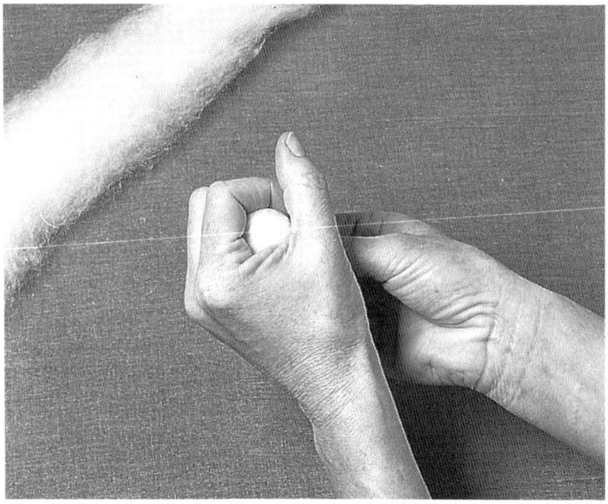

Abb. 21

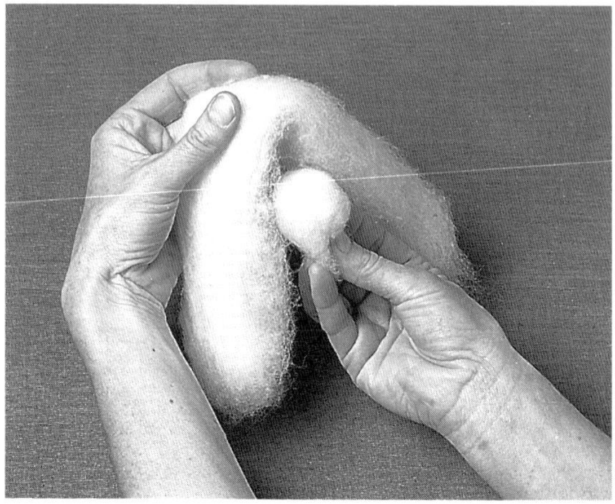

Abb. 22

Abb. 23

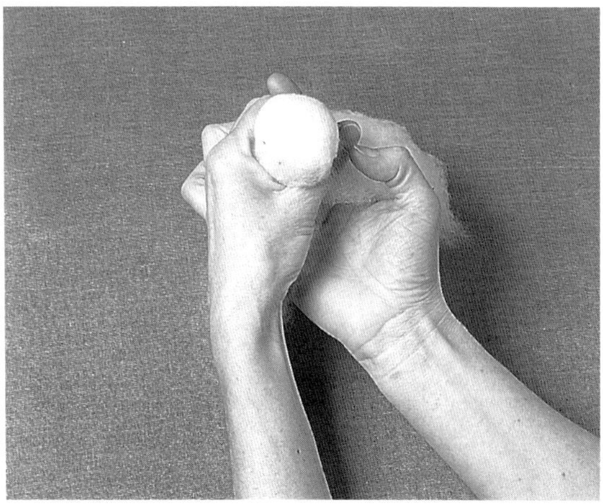

Kopf

Teil 2 zu einer Kugel zusammennehmen (etwa in Größe eines Ping-Pong Balles (Abb. 21). Teil 1 in der Mitte knicken (Abb. 22), die etwas verbreiterte Knickstelle locker über die Wollkugel streifen (Abb. 23), Kopf abbinden (Abb. 24). Es bleiben zwei Wollstränge, die später die Beine ergeben.

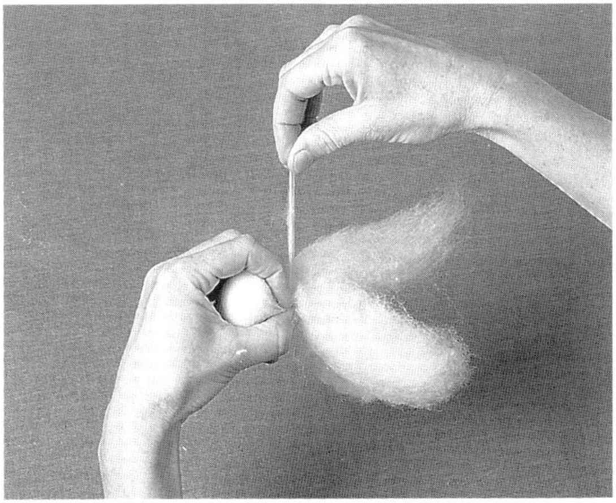
Abb. 24

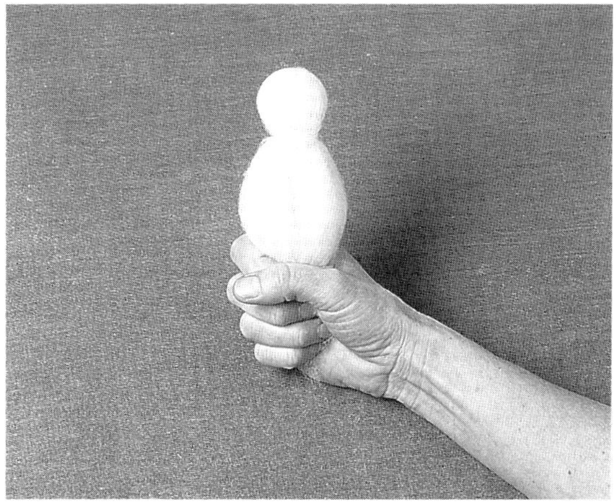
Abb. 25

Abb. 26
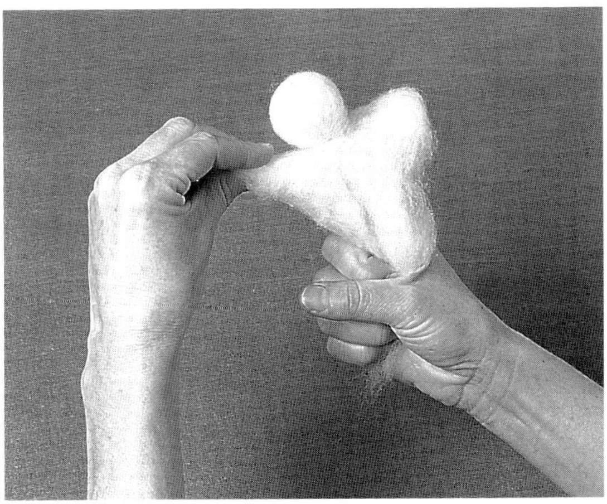

Arme

Die Figur mit einer Hand an den unteren Enden gut festhalten (Abb. 25). Unterhalb des Kopfes rechts und links vorsichtig Arme herausziehen (Abb. 26). Nun die Figur unter dem Kopf halten und die Arme noch weiter herauszupfen. Sie sind lang genug, wenn sie sich – zur Probe – über der Mitte des Kopfes zusammenführen lassen.

Abb. 27

Abb. 28

Abb. 29

Taille

Knapp unterhalb der Arme die Taille abbinden (Abb. 27).

Beine

Das Ende jedes Wollstranges zur Innenseite hin bis nach oben zur Taille umknicken, rings um jedes Bein die Wolle etwas zurechtzupfen.

Hände und Füße

Hände und Füße abbinden (Abb. 28).

Haare

Etwas breitgezupfte Märchenwolle um den Kopf legen (Abb. 29).

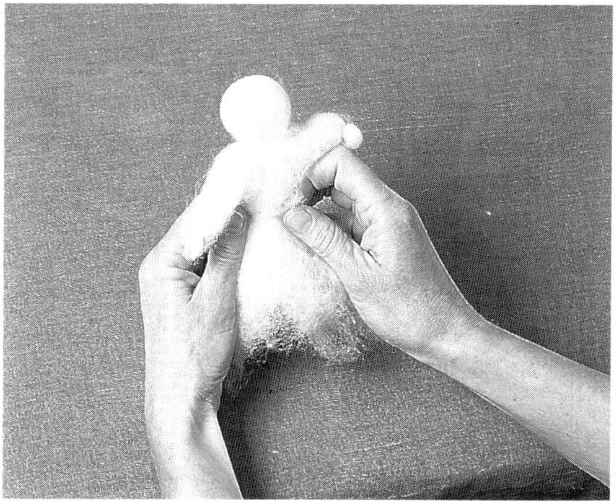

Abb. 30

Abb. 31

Abb. 32

Kleine weibliche Puppe

Bei der kleinen weiblichen Figur werden Kopf, Arme und Taille ebenso gefertigt wie bei der kleinen männlichen Figur. Anstatt mit Beinen wird sie mit einem Rockteil versehen.

Rockteil

Die beiden unterhalb der Taille herabhängenden Wollstränge aufeinanderlegen und mit beiden Händen zu einem Strang verzupfen (Abb. 30). Das untere Ende des Rockes ein wenig nach innen hochschlagen. Ein glockenförmiges Rockteil formen (Abb. 31).

Abb. 33

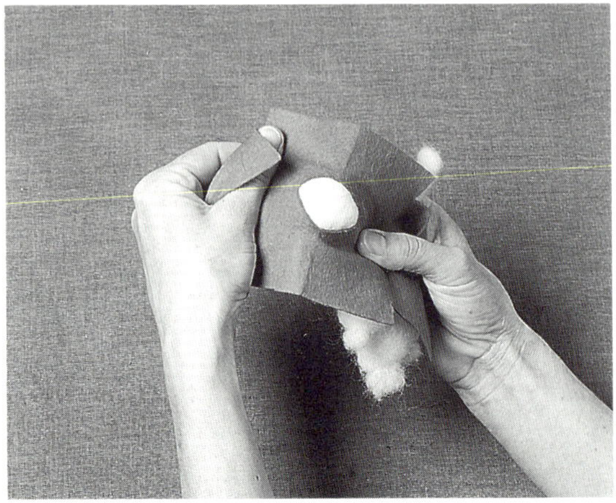

Abb. 34

Einfache Bekleidung

Diese Wollpuppen lassen sich auf einfache Weise mit Gewändern versehen. Wenn die Kleider aus farbigem Bastelfilz gefertigt werden, braucht nichts genäht werden.

Den Bastelfilz umschlagen. Die Puppe so darauflegen, daß der Kopf über die Stoffbruchkante herausschaut, Schnittkanten markieren, daß die Hände – und bei der männlichen Figur auch die Füße – darüber hinausragen (Abb. 32). Stoff umgeschlagen lassen und ausschneiden, mit zwei dreieckigen Einschnitten für die Ärmel versehen (Abb. 33). Den Stoff in Längsrichtung umklappen. In die obere Knickkante ein kleines Dreieck als Kopföffnung hineinschneiden. Von dem restlichen Filz ein 2 - 3 mm langes Band als Gürtel abschneiden.

Die Figur bekleiden und umgürten (Abb. 34). Mit Haaren aus Märchenwolle versehen (Abb. 35).

Abb. 35

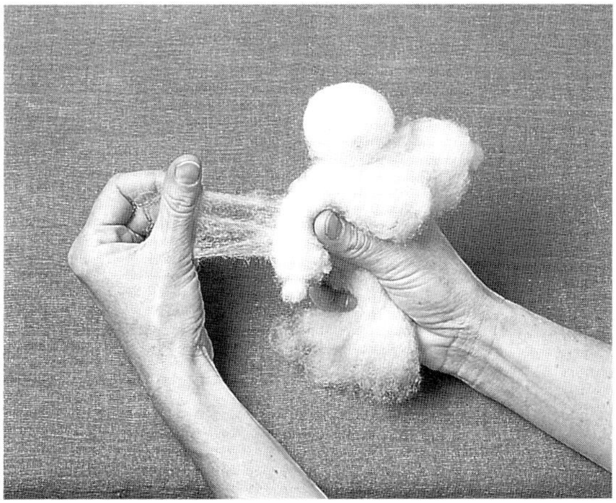

Abb. 36

Gestaltete größere Stehpuppen

Aus ungesponnener Schafswolle lassen sich auch größere Stehpuppen mit festeren Körpern formen. Sie werden mit Gewändern, mit Frisuren und mit Kopfbedeckungen versehen.

Gestaltete Stehpuppen sind etwas voluminöser als die einfachen Puppen. Man beläßt also das Wollvlies in der Stärke, in der man es von den Schäfereien bekommt. Locker ausgebreitet ist es etwa 3 cm hoch. Die Lagen der Wolle liegen so dicht übereinander, daß das Wollvlies undurchsichtig ist, wenn man es gegen das Licht hält.

Abb. 37

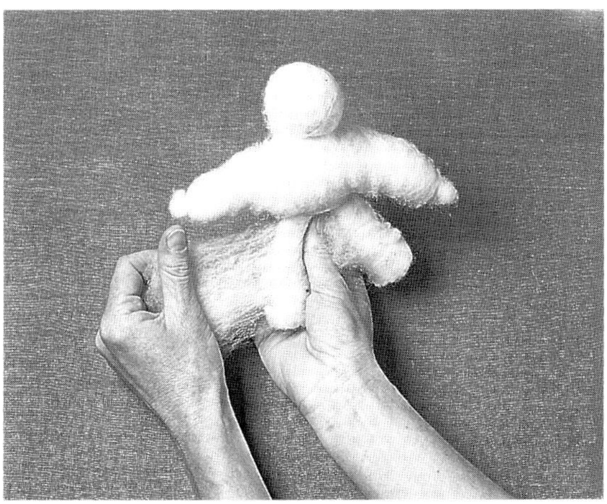

Gestaltete männliche Puppe

Die gestaltete männliche Puppe wird aus dickem Wollvlies zunächst aus den zwei Hauptteilen: Körper und Kopf gefertigt.

- **Teil 1 Körper:** etwa 3 – 4 Finger breit, 40 cm lang
- **Teil 2 Kopf**: wie Teil 1, 10 cm lang
- Wollvlies zum Umwickeln

Man verfährt nach dem gleichen Prinzip wie bei der einfachen männlichen Puppe (Abb. 19-27). Wenn die Arme behutsam so lang gezupft wurden, daß sie sich über dem Kopf zusammenführen lassen, bindet man die Hände ab. Die Füße werden bei der gestalteten Stehpuppe nicht abgebunden. Die Figur kann dann besser stehen.

Plastizieren des Körpers

Der Körper ist zunächst noch weich und bauschig. Mit zusätzlichem Wollvlies bekommt er nun Volumen. Man braucht dafür etwas Geduld und Fingerspitzengefühl.

Von dem Wollvlies immer wieder hauchdünne 2 – 3 Finger breite Wollflocken abnehmen. Jeweils ein Ende davon z.B. auf den Arm der Figur legen und mit dem Daumen gut festgehalten. Das Wollvlies mit der anderen Hand ein wenig ziehen und vorsichtig rings um den Arm legen. Auf diese Weise werden alle Gliedmaßen einmal oder auch mehrmals hintereinander mit dünnen Wollflocken umwickelt, bis sie eine gewisse Festigkeit haben (Abb. 36, 37).

Zum Schluß wird das Rumpfteil kreuzweise mit Streifen von dünner Vlieswolle umwickelt.

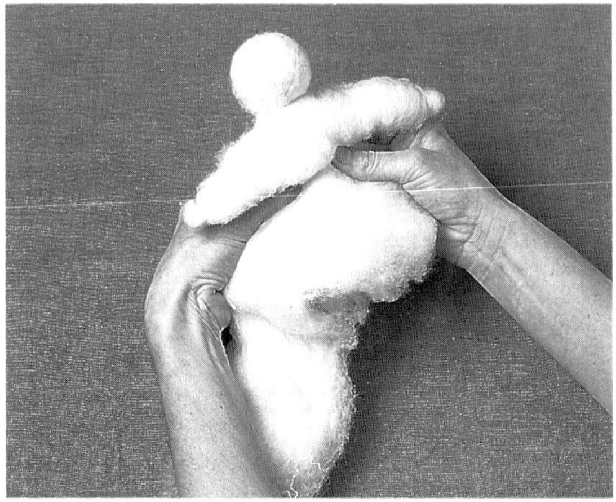

Abb. 38

Gestaltete weibliche Puppe

Die gestaltete weibliche Puppe wird ebenfalls aus dickem Wollvlies hergestellt. Man benötigt drei Hauptteile: Kopf, Körper und Rock.

- **Teil 1 – Körper**: etwa 3 – 4 Finger breit, 40 cm lang
- **Teil 2 – Kopf:** wie Teil 1, 10 cm lang
- **Teil 3 – Rock:** ein dickes Vliesstück, etwa in Handgröße
- Wollvlies zum Umwickeln

Auch hier verfährt man nach dem gleichen Prinzip wie bei der einfachen weiblichen Puppe (Abb. 30, 31). Das Rockteil um die Taille legen und mit einigen Vliesfäden in der Körpermitte befestigen (Abb. 38). Mit beiden Händen die unteren Ränder des Rockteiles nach innen schlagen, daß die Figur einen guten Stand hat. Den Rock glockenförmig nach außen ziehen (Abb. 39).

Abb. 39

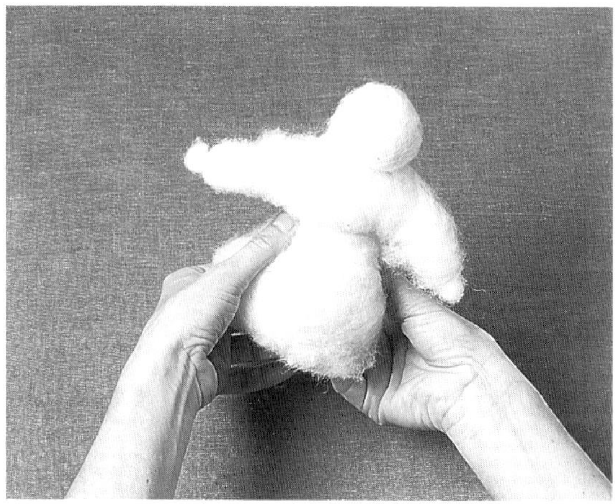

Abb. 40

Puppe in Form bringen

Die gestalteten Spielpuppen sehen unbekleidet etwas stämmig aus und haben – im Verhältnis zum Körper – relativ große Köpfe. Dies ist Absicht, denn die Puppen sollen Spielfiguren für Kinder sein und nicht nachgemachte kleine Erwachsene darstellen.

Wenn die männliche oder weibliche Figur fast fertig ist, schaut man, ob es da oder dort etwas zum Nacharbeiten gibt. Vielleicht ist es notwendig, den Hals noch einmal zu betonen, wenn er zu dicht auf dem Rumpf sitzt oder die Arme vorsichtig länger zu ziehen, wenn sie im Verhältnis zum Körper zu kurz erscheinen. Damit die Arme nicht so unnatürlich zur Seite abstehen, biegt man sie nach vorne, zieht einige Fäden heraus und verbindet mit der Leibmitte (Abb. 40).

Puppen bekleiden

Abb. 41

Durch entsprechende Bekleidung und Kopfbedeckungen entstehen nun Könige, Prinzessinnen, Wanderburschen etc. Für die Haare der Figuren verwendet man etwas breitgezupfte Märchenwolle. Aus diesem Material lassen sich auch Frisuren mit Zöpfen gestalten. Die Haare werden mit Nadel und Faden auf dem Kopf befestigt.

Die Bekleidung kann aus farbiger Märchenwolle gefertigt werden, die man mit etwas Geduld und Gefühl in den Fingerspitzen breitgezupft hat (Abb. 41). Gewänder lassen sich auch z.B. aus Stoffresten nähen. Bei den männlichen Figuren ist darauf zu achten, daß der Beinschnitt für die Hosen möglichst breit angelegt ist, sie haben dann eine bessere Standfestigeit.

Wenn Kinder sehen, wie Figuren aus Wolle entstehen, sind sie gerne dabei. Meistens wollen sie dann mitmachen und selbst Figuren fertigen. Am meisten Eifer und Freude entwickeln sie, wenn sie dies nach ihren eigenen Ideen tun dürfen.

Martin (7 J.) hatte ein Puppenspiel gesehen, in dem ein Zauberer vorkam. Er wollte sich auch einen Zauberer nähen. Er formte aus Wolle eine Figur, aber die sollte auch angezogen sein. Die Mutter gab ihm ein Stückchen Filzstoff. Daraus schnitt sich Martin ganz allein Zipfelmütze, Hose und Bluse zu. Dann bestickte er die Bluse, nähte Mund und Augen auf das Gesicht und befestigte einen kleinen Stecken als Zauberstab an einer Hand der Figur. Die Mutter bewunderte das Werk: «Schön hast du das gestickt», sagte sie. Martin schaute die Mutter mit großen Augen an: «Warum kann ich so gut sticken? Warum gefällt dir das so gut? Warum ist es schön, daß ich so gut sticken kann?»

Der Zauberer blieb lange Zeit erhalten. Später, als die Kinder größer waren, fanden sie, daß das ein komischer Zauberer wäre, aber sie spielten weiterhin eifrig mit ihm.

Verschiedene Tiere

In den Puppenspieltexten kommen verschiedene Tiere vor. Wenn entsprechende Spielfiguren nicht zur Hand sind, kann man sich mit naturfarbener ungesponnener Schafswolle und mit Märchenwolle behelfen. Aus diesem sehr wandlungsfähigen Material lassen sich mit wenigen Handgriffen Tierfiguren improvisieren.

Die Freude am Spielen steht über aller Perfektion. Dies gilt besonders für jüngere Kinder. Sie sind noch nicht so stark von äußerlichen Vorstellungen geprägt. Für sie kann es überraschend und anregend zugleich sein, zu sehen, wie der Erwachsene vor ihren Augen z.B. ein Häschen zurechtzupft. Wenn dieser selbst keinen Zweifel daran hat, daß das entstandene Geschöpf ein Hase ist, wird es auch von den Kindern als solcher angenommen.

Charakteristische Merkmale der Tiere

Wenn man ein Tier aus Wollvlies oder Märchenwolle herstellen will, werden vor allem die jeweils typischen Merkmale wie Farbe und Größe des Körpers oder die Form des Kopfes und der Ohren hervorgehoben. Es ist nicht unbedingt notwendig, die Gestalt genau auszuarbeiten (Abb. 42, 43).

Abb. 42

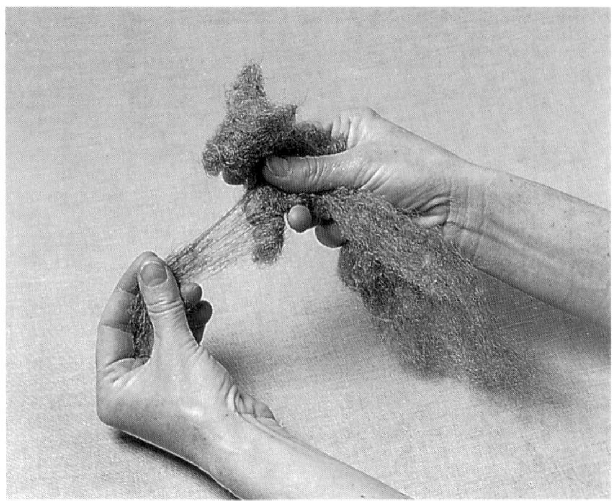

Körperfarbe

Die Körperfarbe gehört zu den charakteristischen Merkmalen eines Tieres. Man wählt also aus naturfarbener Vlieswolle oder aus Märchenwolle einen Farbton aus, der der Eigenart eines Tieres entspricht.

Größe

Ebenso, wie die Tierarten in der Natur im Verhältnis zueinander verschieden groß sind, werden die einzelnen Tiere aus Wollvlies in unterschiedlicher Größe gestaltet.

Kopf und Hals

Ein Tier läßt sich vor allem durch die Form des Kopfes im Verhältnis zum Hals und zu den Ohren charakterisieren. So kann man z.B. einem Pferd, das man aus Wollvlies gestaltet, erst dann seinen typischen Ausdruck verleihen, wenn der Kopf auf einem relativ langen Hals sitzt. Wenn man dagegen eine Katze formt, sitzt der Kopf dicht auf dem Rumpf.

Abb. 43

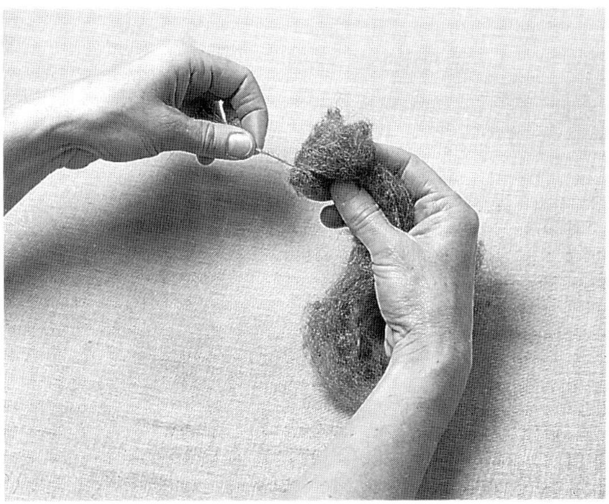

Ohren

Die Stellung und die Form der Ohren sind bei jedem Tier anders. Es ist wichtig, darauf zu achten, wo sie auf dem Kopf angeordnet sind und ob sie hängen oder stehen.

Für die Ohren wird ein farblich passender Streifen Wollvlies an einem Ende festgedreht, in eine große Stopfnadel gefädelt und an der gewünschten Stelle durch den Kopf gezogen. Anschließend werden die Ohren zurechtgeschnitten und mit einem angefeuchteten Finger in die entsprechende Form gebracht.

Hörner und andere charakteristische Merkmale

Die Hörner für einen Ochsen oder für ein Böcklein, der Schnabel für Gans und Ente, der rote Kamm und das Kinnläppchen für Huhn und Hahn sowie auch die Mähne für ein Pferd lassen sich ebenfalls aus Streifen von Vlies- oder Märchenwolle fertigen und mit Hilfe einer dicken Stopfnadel anbringen.

Grundform Tier

Tierfiguren lassen sich ebenso wie die Spielpuppen aus einer Grundform gestalten.

- **Teil 1** – Ein Band Wollvlies für den Körper
- **Teil 2** – Ein Stück Wolle für den Kopf
- Wollvlies zum Füllen des Körpers und zum Umwickeln.

Die Charakteristik der Tierfiguren ergibt sich dadurch, daß Teil 1 und Teil 2 in unterschiedlichen

Stärken verwendet werden. Das Wollstück für den Kopf ist größer oder kleiner, je nachdem, welches Tier geformt werden soll. Bei einer Katze genügt z.B. eine kleine Wollflocke, während für den länglichen Kopf eines Pferdes ein größeres Stück Wolle nötig ist.

Man nimmt einen entsprechenden Strang Wollvlies und legt die Enden aufeinander (Abb. 44). In den entstandenen Knick legt man nun ein Stück gleichfarbiger Wolle für den Kopf und bindet den Kopf ab.

Tierfiguren aus Wollvlies

Zunächst wird das Wollvlies in einer für das Tier typischen Farbe ausgewählt. Anschließend teilt man davon Teil 1 für den Körper und Teil 2 für den Kopf ab.

Für größere Tiere, wie Pferd, Ochse, Bär und Kälbchen läßt man die Vlieswolle in ihrer ganzen Lage. Locker ausgebreitet ist sie etwa 3 cm hoch.

Abb. 44

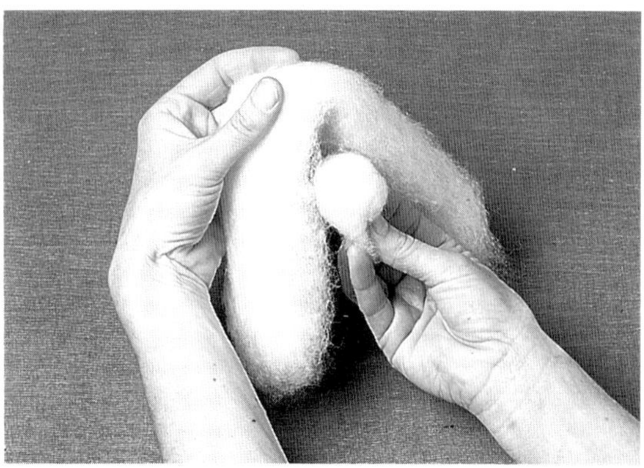

Pferd

weiße oder braune Vlieswolle
typische Merkmale: großer, länglicher Kopf, dreieckige, nach oben stehende Ohren, langer Hals, Mähne

- **Teil 1** Körper: etwa 4 Finger breit, 60 cm lang
- **Teil 2** Kopf: etwa 2 Finger breit, 15 cm lang, gerollt

Ochse

naturbraune Vlieswolle
typische Merkmale: kantiger Kopf, seitlich nach vorne gewendete Ohren, geschwungene Hörner, langer Schwanz

- **Teil 1** und **Teil 2** wie bei Pferd

Bär

braune Vlieswolle
typische Merkmale: hängender Kopf, breite, runde Ohren, kurze Beine, kurzer Schwanz, runder Rücken

- **Teil 1** und **Teil 2** wie bei Pferd

Kälbchen

hellbraune Vlieswolle oder rötlich-braune Märchenwolle
typische Merkmale: kantiger Kopf, kurze Hörner, hohe Beine

- **Teil 1** Körper: etwa 4 Finger breit, 40 – 50 cm lang.
- **Teil 2** Kopf: etwa zwei Finger breit, 15 cm lang, gerollt.

Mittelgroße Tiere, wie Schaf(bock), Katze, Hase, Fuchs, Wolf und Schwein werden etwa aus einer halben Lage Vlieswolle gefertigt. Diese ist, locker ausgebreitet, etwa 1,5 cm hoch.

Schaf (Lämmchen)

naturweiße Vlieswolle
typische Merkmale: kleiner Kopf, abgerundete, seitlich herabhängende Ohren, längere Beine, halblanger Schwanz

- **Teil 1** Körper: 3 Finger breit, 40 cm lang
- **Teil 2** Kopf: 1 Finger breit, ca. 20 cm lang

Schafbock

naturbraune Vlieswolle, wie Schaf, jedoch mit Hörnern

Katze

weiße oder braune Vlieswolle
typische Merkmale: kleiner runder Kopf mit hochstehenden spitzen Ohren, langer Schwanz

- **Teil 1** Körper: 2-3 Finger breit, 25 – 30 cm lang
- **Teil 2** Kopf: eine kleine Wollflocke

Hase

weiße oder graubraune Vlieswolle
typische Merkmale: lange Ohren, Stummelschwänzchen

- **Teil 1** Körper: 2 – 3 Finger breit, 25 – 30 cm lang
- **Teil 2** Kopf: 1 – 2 Finger breit, 25 – 30 cm lang, gerollt

Fuchs

rötliche Märchenwolle
typische Merkmale: Kopf mit spitz zulaufendem Maul, hochstehende, spitze Ohren, buschiger Schwanz

- **Teil 1** Körper: 2 – 3 Finger breit, etwa 40 cm lang
- **Teil 2** Kopf: 1 – 2 Finger breit, etwa 15 cm lang, gerollt

Wolf

naturgraue Vlieswolle
typische Merkmale: geneigter Kopf und langer Hängeschwanz

- **Teil 1** und **Teil 2** wie bei Fuchs

Schwein

rosa Märchenwolle
typische Merkmale: länglicher Kopf mit rüsselförmiger Schnauze, nach vorne gebogene längere, spitze Hängeohren, Ringelschwänzchen

- **Teil 1** Körper: 2 – 3 Finger breit, ca. 30 cm lang
- **Teil 2** Kopf: 1 – 2 Finger breit, etwa 20 cm lang, gerollt

Kleine Tiere wie Huhn, Ente und Gans werden ebenso wie die mittelgroßen Tiere aus einer halben Lage Wollvlies gefertigt.

Ente

naturweiße Vlieswolle
typische Merkmale: gelber Schnabel, kurzer Hals

- **Teil 1** Körper: 2 Finger breit, ca. 20 – 30 cm lang
- **Teil 2** Kopf: eine kleine Wollflocke

Gans

naturweiße Vlieswolle
typische Merkmale: langer Hals, gelblicher Schnabel

- **Teil 1** Körper: 2 Finger breit, ca. 30 cm lang
- **Teil 2** Kopf: eine kleine Wollflocke

Huhn

weiße oder braune Vlieswolle
typische Merkmale: roter Kamm und rotes Kinnläppchen

- **Teil 1** Körper: 2 Finger breit, ca. 20 cm lang
- **Teil 2** Kopf: eine kleine Wollflocke

Hahn

Märchenwolle in verschiedenen Farben
typische Merkmale: roter Kamm und rotes Kinnläppchen

5 dünne Stränge Märchenwolle ca. 25 cm lang. Jeden Strang etwas eindrehen, die Enden aufeinanderlegen, Kopf abbinden, den Körper etwas bauchig formen, Schwanzfedern abbinden.

Plastizieren der Figur

Wenn man im Umgang mit Vlieswolle und Märchenwolle schon etwas vertraut ist, kann man die Tiere weiter ausgestalten. Wenn der Kopf abgebunden ist, hält man die beiden herabhängenden Wollstränge unten gut fest (Abb. 25). Nun zieht man zuerst die beiden Vorderbeine heraus und umwickelt diese mit etwas dünn gezupfter Wolle (Abb. 42). Anschließend die Hinterbeine herausziehen und ebenso umwickeln wie die Puppe (Abb. 36, 37).

Gegebenenfalls noch etwas gleichfarbige Wolle hineinschieben, um die Figur zu modellieren. Auf diese Weise kann man dem einen oder anderen Tier zu mehr Leibesfülle verhelfen oder z.B. auch das Kätzchen mit einem Buckel versehen. Anschließend zieht man den Schwanz heraus und biegt die Beine nach unten (Abb. 45). Die Figur in Form bringen, z.B. den Körper noch etwas stauchen, wenn er im Verhältnis zum Kopf zu lang geraten ist. Zum Schluß wird das Tier noch da und dort, wo es nötig erscheint, zurechtgezupft.

Abb. 45

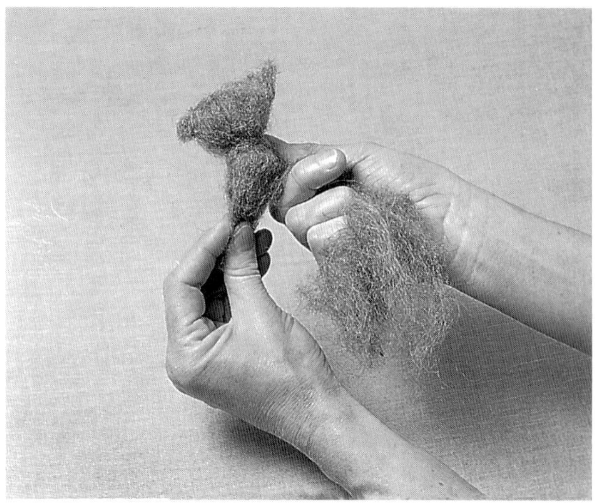

9 Spiellandschaft

Kleine Puppenspiele erfordern nicht viel Aufwand. Für die Kinder ist es spannend, wenn man vor ihren Augen erst alles aufbaut. Die Vorbereitungen gehören für sie schon zum Spiel.
Erleben die Kinder, wie aus wenigen Mitteln eine Landschaft entstehen kann, auf der sich verschiedene Figuren bewegen lassen, werden sie in ihrer Nachahmungsfreude angeregt. Wenn man nach dem Spiel nicht gleich alles wieder wegräumt, sind sie durch das Aufgebaute oft angeregt, selbst weiterzuspielen.

Landschaften für Puppenspiele lassen sich mit Spieltüchern vorbereiten. Für Wiese, Acker, Wald, Bächlein und See werden Tücher in verschiedenen Farbtönen, z.B. grün, gelb, braun und blau ausgebreitet.
Berge und Erhöhungen lassen sich mit wenigen Mitteln modellieren.

Abb. 46

Eine Landschaft mit Berg
für das Puppenspiel «Auf'm Bergli»

Vorbereiten

Landschaft mit Berg

Ein Kissen so auf die Spielebene legen, daß eine Spitze nach oben zeigt. Ein großes Tuch darüber breiten (Abb. 46).

Bühnenhintergrund

Ein Berg eignet sich auch hervorragend als Bühnenhintergrund. Ein Bühnenhintergrund ist besonders bei den größeren Puppenspielen hilfreich, bei denen mehrere Figuren vorkommen. Da diese aber erst nach und nach auftreten, warten sie hinter der Spielebene, im Bühnenhintergrund, bis von ihnen die Rede ist.

Bub

Spielfigur, z.B. Grundfigur Bub oder Knotenpuppe.

Vögel und Immlein

Sie lassen sich aus Knetwachs fertigen oder auch aus Papier, farbiger Märchenwolle, kleinen Erlenzapfen. Die Vöglein und die Immlein kann man fliegen lassen, wenn man mehrere von ihnen mit langen Fäden verbindet und diese an einen Holzstab bindet.

Auf dem Bergli

Auf dem Bergli
bin ich g'sessen,
hab den Vöglein zugeschaut;
hab'n gesungen,
sind gesprungen,
haben Nestlein gebaut.

In dem Garten bin ich g'standen,
hab den Immlein zugeschaut;
hab'n gebrummet,
hab'n gesummet,
haben Zellein gebaut.

Auf der Wiese bin ich gangen,
sah die Sommervöglein an;
hab'n gesogen,
sind geflogen,
gar so schön hab'ns getan.

Spielführung

Wenn das Spiel aufgebaut ist, wird eine kleine Spielfigur oben auf das Bergli gesetzt und mit einer Hand gehalten. Dann wird die Figur heruntergeführt in den Garten zu den Vöglein und auf die Wiese zu den Immlein. Das Besondere an diesem kleinen Spiel ist das Lied. Die Kinder lieben diese einfache fröhliche Kinderweise und sie haben es gerne, wenn man das Spiel öfter wiederholt.

Eine Landschaft mit Haus

für das Puppenspiel «Friederchen»

Vorbereiten

Haus

Ein Haus entsteht z.B. aus einem nicht allzu großen Korb und aus Spieltüchern: Den Korb mit der Öffnung nach oben stellen, ein Spieltuch ausbreiten, darüberlegen und mit den Händen nach innen drücken (Abb. 47). Den Korb auf die Seite drehen, daß die Öffnung zur Spielfläche zeigt. Ein weiteres Spieltuch darüber schließt das Haus ab (Abb. 48). Wenn dann Figuren aus dem Haus herauskommen oder hineingehen, wird die «Tür» geöffnet, indem man das darüberhängende Spieltuch ein wenig zur Seite lüpft.

Friederchen, Mutter, Lämmlein, Kätzchen und Spätzlein können improvisierte oder fertige Spielpuppen sein. Alle Figuren sind schon auf der Spielebene: Die Mutter ist im Haus, davor stehen das Lämmlein, das Kätzchen, das Spätzlein und das Friederchen.

Friederchen

Friederchen will sich gern verstecken.
Er guckt – wo kann mich keiner entdecken?
Hier unten, da kann mich jeder sehn.
Ich will lieber auf den Dachboden gehn.

Bald schaut die Mutter zur Tür heraus.
«Friederchen!» ruft sie, «komm ins Haus!
Das Essen wird bald fertig sein.
Friederchen, nun komm herein.»

Die Mutter bleibt an der Türe stehn,
doch Friederchen ist nicht zu sehn.
«Frieder!» ruft sie, «Friederchen!
Sag mir bloß, wo steckst du denn?»

Wo kann denn nur das Friederchen sein?
Läuft einfach fort, so ganz allein?
Vielleicht kann es das Lämmlein sagen.
Die Mutter will das Lämmlein fragen:

«Ach Lämmlein, liebes Lämmlein mein,
wo kann denn nur das Friederchen sein?»

Das Lämmlein sagt nur: «Mäh, mäh, mäh,
es ist nicht da, soviel ich seh.»

Vielleicht kann es das Kätzchen sagen.
Die Mutter will das Kätzchen fragen.

«Ach Kätzchen, liebes Kätzchen mein,
wo kann denn nur das Friederchen sein?»

Das Kätzchen ruft: «Miau, miau,
ich weiß es auch nicht so genau.»

Vielleicht kann es das Spätzlein sagen.
Die Mutter will das Spätzlein fragen:

«Ach Spätzlein, liebes Spätzlein mein,
wo kann denn nur das Friederchen sein?»

Das Spätzlein piept nur: «Schau hinauf»
und fliegt zum Dachfenster hinauf.

Abb. 47

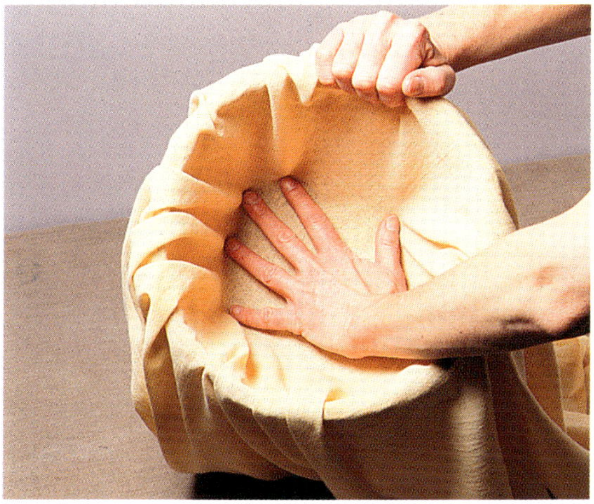

Abb. 48

Die Mutter guckt dem Spätzlein nach.
Da sitzt es am Fenster unter'm Dach.
Aus dem Fenster guckt das Friederchen
ganz munter.
Es schaut vergnügt zur Mutter herunter.

«Ach Friederchen, da bist du ja,
unter dem Dach – was machst du da?» –
«Ich wollte mich doch nur verstecken.» –
«Friederchen, mußt du mich so erschrecken?» –

Jetzt fliegt das Spätzlein fröhlich davon.
Friederchen sagt: «Ich komm ja schon.»
Und nun gehen die beiden ins Haus.
Da gibt's jetzt einen Mittagsschmaus.

Spielführung

Das Friederchen spaziert vor dem Haus hin und her. Es will sich verstecken und auf den Dachboden gehen. Es steigt langsam, als ob es eine Treppe hinaufgehen würde und setzt sich oben auf das Haus. Das über dem Haus liegende Spieltuch wird ein wenig über Friederchen gelegt. Die Haustüre wird geöffnet: Die Mutter kommt heraus. Sie geht nacheinander zu den Tieren. Dann läßt man das Spätzlein an einem Faden nach oben fliegen. Dort wird es abgesetzt. Dann fliegt es weiter.
Friederchen geht auf die gleiche Weise hinunter, wie es heraufgekommen ist. Dann geht es mit der Mutter ins Haus. Die Türe wird wieder geschlossen.

Abb. 49

Eine Landschaft mit Bächlein

für das Puppenspiel «Mein Pferdchen»

Vorbereiten

Landschaft mit Bächlein

Mit Spieltüchern eine Landschaft ausbreiten. Ein bläuliches Tüchlein als Bächlein hineinlegen. Ein Wurzel- oder Aststück kann als Brücke dienen.

Bub und Schmied

männliche Spielfiguren.

Wägelchen

Ein Spiel-Wägelchen oder eine kleine offene Schachtel.

Haus

Das Haus vom Schmied wie Abb. 47/48. Es genügt auch ein Spieltuch über einem zurechtgedrückten Kissen (Abb. 50a), denn der Schmied bleibt die ganze Zeit vor seinem Haus stehen.

Die Abb. 50 und 50 a stellen die linke und rechte Hälfte *einer* Landschaft dar.

Mein Pferdchen

Mein Pferdchen, mein Pferdchen,
du sollst nicht mehr klagen.
Dein Huf hat kein Eisen,
gleich wird er beschlagen.

Mein Pferdchen, mein Pferdchen,
wir müssen zum Schmied.
Jetzt schirr ich an das Wägelchen,
dann fahr ich mit dir mit.

Mein Pferdchen, mein Pferdchen,
zieh an, zieh an.
Die Straße hinunter,
den Weg entlang.

Mein Pferdchen, mein Pferdchen,
was stehst du an der Brück?
Wir müssen hinüber,
wir können nicht zurück!

Mein Pferdchen, mein Pferdchen,
geh langsam Schritt vor Schritt.
Jetzt sind wir über'n Bach,
und dann sind wir beim Schmied.

Mein Pferdchen, mein Pferdchen,
nun bleib ruhig stehn.
Der Schmied, der will erst
deinen Huf noch besehn.

Er schmiedet das Eisen
und hämmert es noch.
Jetzt klopft er es fest
mit dem Hammer, poch, poch.

Mein Pferdchen, mein Pferdchen,
jetzt geht's zurück nach Haus.
Wir fahr'n über die Brück,
und dann ruhst du dich aus.

Abb. 50

Abb. 50 a

Spielführung

Beim Sprechen viele Pausen machen! Die Spielbewegungen müssen immer dem Spiel angepaßt sein. Das Anschirren des Wägelchens braucht etwas Zeit. Die Kinder haben großes Vergnügen dabei, zu sehen, wie der Bub in das Wägelchen ein- und wieder aussteigt und wie er gezogen wird. Pferd und Wägelchen werden mit beiden Händen fortbewegt.

Eine Landschaft mit See

für das Puppenspiel

«Vom Büblein und vom Großvater»

Vorbereiten

Landschaft mit See

Aus Spieltüchern wird eine Landschaft ausgebreitet. Der Weiher entsteht aus einem blaufarbenen Tüchlein. Neben dem Weiher wird ein kleiner Holzstecken bereitgelegt.

Großvater und Büblein

Großvater und Büblein sollten Spielfiguren mit Beinen sein.

Enten

Die Enten können aus verschiedenen Materialien gefertigt sein. Man braucht eine größere Ente und einige kleinere Enten. Sie sitzen bereits zu Spielbeginn am Ufer.

Haus siehe S. 42 und 43.

Vom Büblein und vom Großvater

Heut ist der Großvater zum Büblein gekommen
und hat's zum Spaziergang mitgenommen.
Der Großvater läuft mit mächtigem Schritt.
Das Büblein, das kommt gar nicht recht mit.

Bald sind die beiden zum See gekommen,
da ist die Entenmutter geschwommen,
und immer lustig hinterdrein
die kleinen Entenkinderlein.

Großvater hat ein Stück Brot dabei,
da kommen die Enten alle herbei.
Sie picken die Krümel: pick, pick, pack
und rufen fröhlich: «Quak, quak, quak.»

Der Großvater will nach Hause gehn.
«Noch nicht!» sagt das Büblein, «hier ist's so schön!»
Wie Großvater so denkt: «Was mach ich bloß?»
sieht er einen Stecken, lang und groß.

«Großvater», ruft Büblein, «was hast du denn da?»
«Ein Pferdchen hab ich, hei hopp-sa-sa!»

Der Großvater setzt sich auf's Pferdchen dann
und reitet damit ein Stückchen voran.

Da will's Büblein auch auf's Pferdchen hinauf.
Es eilt herbei und setzt sich darauf.
So reiten die beiden vergnügt nach Haus,
und nun ist die Geschichte aus.

Spielführung

Der Großvater holt das Büblein ab. Neben dem See werden die Figuren abgestellt. In den Falten des Spieltuches am Ufer finden die Beine von Büblein und Großvater so viel Halt, daß sie nicht umfallen können. Zum Schluß reiten die beiden auf dem Stecken nach Hause und gehen in das Haus hinein.

Abb. 51

10 Landschaft mit Naturmaterialien

Gehen wir mit den Kindern hinaus in die Natur. Wir werden mit ihnen viele Dinge entdecken, die sich sehr gut zum Aufbau von Landschaften für Puppenspiele verwenden lassen: eine ungewöhnliche Wurzelform, kleine Mooskissen, Zapfen, feste größere Baumpilze sowie Zweige und Äste, die sich zersägen lassen.
Besondere Fundstücke kann man mit nach Hause nehmen und sie dort z.B. in Körben aufbewahren. Wenn sie sichtbar vorbereitet sind, regen sie auch zum Spielen an.

Landschaft mit Busch

als Beispiel für das Puppenspiel «Der Pfannekuchen»

Vorbereiten

Aus Spieltüchern eine Landschaft mit Bühnenhintergrund (s. S. 41) vorbereiten. Dahinter werden alle Figuren bereitgestellt, die während des Spieles erst auftauchen.

Busch

Ein Busch kann aus kleinblättrigen Zweigen entstehen. Als Fuß für den Busch können z.B. Holzklötzchen, eine Astscheibe oder ein Stück Kiefernrinde dienen, in die man eines oder mehrere Löcher gebohrt hat. Zum Stecken für Zweige kann man auch kleine Holzräder besorgen. Sie werden in Spielwarenläden als Ersatzteile für Puppenwagen auch einzeln verkauft.

Solche Büsche kann man nach Bedarf immer wieder neu zusammenstecken, wenn man ein Puppenspiel aufbaut. Es lassen sich aber auch Zweige präparieren. Ein Busch mit präparierten Zweigen kann dann monatelang verwendet werden.

Präparierte Zweige

Kurze Zweige mit kleineren Blättern, wie z.B. Weißdorn, werden mit einem Messer schräg angeschnitten und in einen Becher gestellt. Nun füllt man den Becher randhoch mit einer Mischung aus 75 ml Glyzerin mit 150 ml Wasser. Etwa nach einer Woche kann man die Zweige herausnehmen. Sie haben dann so viel von der Flüssigkeit aufgenommen, daß ihre Blätter erhalten bleiben. Diese Art der Konservierung eignet sich für Zweige mit grünen oder mit bunten Blättern. Man kann also sommerliche oder herbstliche Büsche herstellen. Auf die gleiche Weise lassen sich Bäume vorbereiten.

Pfannekuchen

eine runde Scheibe aus Filzstoff, Knetwachs oder Papier. Man läßt sie an einem Nähfaden über die Bühne rollen.

Schnecken

entstehen z.B. aus Märchenwolle oder aus Knetwachs. Aus Knetwachs läßt sich für den Körper eine Rolle mit Fühlern formen und ein leeres Schneckenhäuschen daraufsetzen.

Hasen siehe Kapitel 8, S. 38.

Kinder

einfache Spielfiguren siehe Kapitel 8

Der Pfannekuchen

Kommt der runde Pfannekuchen,
Will ein schönes Plätzchen suchen,
Will einmal spazieren gehn,
Doch auf einmal bleibt er stehn.

O da freuen sich die Schnecken,
Kriechen gleich aus allen Ecken:
«Komm doch näher, Pfannekuchen,
Komm, wir möchten dich versuchen!»

Ach, er läuft davon, husch, husch,
und versteckt sich hinterm Busch.
Schnecken suchen da und dort,
Kriechen traurig wieder fort.

Kommt der runde Pfannekuchen,
Will ein schönes Plätzchen suchen,
Will einmal spazieren gehn,
Doch auf einmal bleibt er stehn.

O da freuen sich die Hasen,
Hüpfen lustig auf dem Rasen:
«Komm doch näher, Pfannekuchen,
Komm, wir möchten dich versuchen!»

Ach, er läuft davon, husch, husch,
Und versteckt sich hinterm Busch!
Häschen suchen da und dort,
Hüpfen traurig wieder fort!

Kommt der braune Pfannekuchen,
Will ein schönes Plätzchen suchen.
Will einmal spazieren gehn,
Doch auf einmal bleibt er stehn.

Kommen gleich die Kinder her:
«Pfannküchlein, wir hungern sehr.»
«Öffnet euer Körbchen fein
Und ich spring zu euch hinein!»

Abb. 52

Abb. 53

Spielführung

Ganz in Ruhe sprechen, viele Pausen machen. Die Schnecken langsam nacheinander führen: erst die eine Schnecke, dann die andere. Die Hasen und die Kinder mit beiden Händen bewegen, den Pfannekuchen inzwischen ablegen.

Zwerge

aus naturfarbener Wolle, mit Märchenwolle bekleidet.

Mond

z.B. aus Silberpapier. Er läßt sich an einem dünnen Faden bewegen.

Landschaft mit Nadelbaum

für das Puppenspiel «Zwei Zwerge»

Vorbereiten

Ein Spieltuch auf die Spielebene legen. Zwischen den beiden Bergen (siehe S. 41) steht der Nadelbaum.

Tannenbaum

Kiefern-, Fichten- oder Tannenzweige werden in eine Holzscheibe gesteckt.

Abb. 54

Zwei Zwerge

Hier ist ein Berg, da ist ein Berg.
In jedem Berge wohnt ein Zwerg!
Dazwischen steht ein Tannenbaum!
Und sieh, im blauen Himmelsraum
Erscheint der Mond um Mitternacht.

Das Zwerglein Munkepunk erwacht!
Es guckt geschwind zum andern Berg.
Sieh da, auch dort erwacht ein Zwerg!
Der Zwerg mit Namen Eckeneck
Guckt auch aus seinem Bergversteck!

Hier siehst du beide Zwerge nun.
Was glaubst du, was die beiden tun?
Sie tanzen froh, wie ich und du,
Der Silbermond guckt ihnen zu.

Am Morgen geht der Mond nach Haus.
Die Nacht ist um, der Tanz ist aus.

Zuerst verschwindet Eckeneck
In seinem dunklen Bergversteck.
Dann schlüpft mit einem muntren Sprung
In seine Höhle Munkepunk.

Hier steht ein Berg, da steht ein Berg.
In jedem schlummert nun ein Zwerg.

Spielführung

Bei den Zwergen geht es geheimnisvoll zu. Der Erwachsene weiß das. Er spricht nicht zu schnell. Er beginnt und beendet das Spiel mit Gebärden: «Hier steht ein Berg, da steht ein Berg.» Die Hände bewegen sich erst hinter den einen, dann hinter den anderen Berg. Die Zwerge sind zunächst in einer Falte des Spieltuchs verborgen. Wenn es heißt: «In jedem Berge wohnt ein Zwerg!» wird kurz das Tuch von jedem Berg soweit gelüftet, daß erst der eine und dann der andere Zwerg zu sehen sind. Der Mond erscheint. Er wird allmählich über die Bühne bewegt und bleibt auf der Tannenspitze «sitzen», bis es heißt: «Am Morgen geht der Mond nach Haus.» Beim Erwachen der Zwerge führt man diese mit den Händen entsprechend dem Text.

Dieses Spiel hat seine besondere Wirkung in der Ruhe, mit der es gespielt wird. Es beeindruckt dann auch noch größere Kinder im ersten Schulalter, z. B. abends, wenn keine Ruhe einkehren will.

Landschaft mit Baum und Naturmaterial

für das Puppenspiel «Das Lämmchen»

Vorbereiten

Eine Landschaft aus Spieltüchern. Darin liegen sichtbar verteilt: Steinchen, Stöckchen und Hölzchen. Bäume lassen sich auf verschiedene Weise vorbereiten:

Baum ohne Blätter

Einzelne Bäume lassen sich aus Wurzelenden von umgefallenen Nadelbäumen herstellen. Sie haben eine Baumgestalt im Kleinen. Es lohnt sich, einmal eine Säge mit zum Spaziergang zu nehmen, um solche Bäume abzusägen.

Damit so ein Wurzelbaum stehen kann, wird er mit einer runden Astscheibe oder mit einem nicht zu flachen Holzbrettchen (ca. 2 cm hoch) verdübelt. Kleine Holzbrettchen für diesen Zweck gibt es z.B. als Abfallstücke in Schreinereien.

Baum mit Blättern

Kleinblättrige Zweige mit einer Blumenschere in Baumform zurechtschneiden und mit einem Fuß versehen. Diese Zweige lassen sich auch präparieren (siehe S. 48 Busch).

Präparierte Blätterbäume werden standfest, wenn man die schräge Schnittstelle des Bäumchens zurechtschnitzt, mit etwas Leim bestreicht und so fest wie möglich in ein vorgebohrtes rundes Aststück steckt.

Lämmchen siehe Kap. 8, S. 39

Abb. 55

Das Lämmchen

Das Lämmchen

Mäh, Lämmchen mäh!
Das Lämmchen lief im Klee.
Es stieß sich an ein Steinchen,
da tat ihm weh sein Beinchen,
da rief das Lämmchen mäh.

Mäh, Lämmchen, mäh!
Das Lämmchen lief im Klee.
Es stieß sich an ein Bäumlein,
da tat ihm weh sein Bäuchlein,
da rief das Lämmchen mäh.

Mäh, Lämmchen, mäh!
Das Lämmchen lief im Klee.
Es stieß sich an ein Stöckchen,
da tat ihm weh sein Köpfchen,
da rief das Lämmchen mäh.

Mäh, Lämmchen, mäh!
Das Lämmchen lief im Klee.
Es stieß sich an ein Hölzchen,
da tat ihm weh sein Pelzchen,
da rief das Lämmchen mäh.

Spielführung

Die Geschichte kann gesprochen oder nach der obenstehenden Melodie gesungen werden. Das Lämmchen wird langsam mit einer Hand über die Wiese geführt. Wenn der Erwachsene sein Spiel beendet hat, kann er sich ruhig zurückziehen.

Das Schäfchen in der Landschaft gibt dem Kind manchmal noch Anregung, das Spiel in der eigenen Phantasie zu erweitern, andere Figuren hinzuzunehmen und weiterzuspielen.

Landschaft mit Wald

für das Puppenspiel «Die Hasen und der Jäger»

Vorbereiten

Aus Spieltüchern eine Landschaft mit Bühnenhintergrund (siehe S. 41) vorbereiten und eventuell mit etwas Moos auslegen.

Wald

Mehrere Zapfen werden zu einer Gruppe dicht nebeneinander gestellt. Sehr schön sehen Pinienzapfen aus. Man kann sie vielleicht einmal von den Ferien in südlichen Ländern mitbringen – es gibt sie auch in Blumen- oder Bastelgeschäften zu kaufen.

Als Wald eignet sich auch gut eine Gruppe von Kiefernzapfen. Diese kann man überall finden, sogar in den Parks der Großstädte. Sie sind nicht sehr hoch, aber sie haben ein gutes Standvermögen.

Fichtenzapfen wie in Abb. 56 lassen sich ebenfalls als Wald verwenden. Damit sie stehen, bindet man etwa drei bis fünf Zapfen mit einem elastischen braunen Nähfaden zu einer Baumgruppe zusammen.

Busch: siehe S. 48.

Hasen: s. Kapitel 8, Seite 38

Jäger: männliche Spielfigur, siehe Kapitel 8

Die Hasen und der Jäger

Ganz früh am Morgen ist die Wiese noch naß.
Da hüpft die Hasenmutter durch's Gras.
Sie spitzt die Ohren und schaut sich um.
Nichts zu hören ringsherum.

Hasenmutter:
«Hüpft im Gras, ihr kleinen Hasen,
Spielt ein wenig auf dem Rasen.
Bleibt jetzt hier, hier ist es schön!
Ich will nur nach dem Rechten sehn!

Hu – der Jäger kommt, husch, husch,
Schnell ihr Kinder, hinter'n Busch.»

Der Jäger:
«Hier sind Blumen, hier sind Gräschen,
Aber, wo sind nur die Häschen?
Keins zu sehen, ach wie dumm!
Nun, da kehr ich wieder um!»

Hasenmutter:
«Ein Glück, nun ist der Jäger weg.
Ihr Kinder kommt aus dem Versteck.
Wir hüpfen lieber von hier fort
Und bleiben in dem Walde dort.»

Spielführung

Der Jäger und die Häschen sind zunächst nicht zu sehen. Der Jäger wartet hinter dem Bühnenhintergrund (s. S. 41), die Hasen sitzen im Wald. Es werden immer die Figuren bewegt, von denen gerade die Rede ist. Am Ende des Spieles verschwinden sie wieder.

Abb. 56

11 Musik

Kleine Kinder sind außerordentlich empfänglich für Musikalisches. Sie sind «ganz Ohr», wie es im Volksmund heißt, wenn sie fröhliches Singen hören oder wenn jemand ein Instrument anklingen läßt. Die einfachsten Melodien oder Lieder machen ihnen Freude. Wenn z.B. die Mutter, der Vater irgendeiner Beschäftigung nachgeht und dabei anfängt zu singen, dann dauert es nicht lange und die Kleinen kommen herbei. Sie schauen und staunen. Besonders, wenn der Erwachsene sonst nur selten singt, strahlen sie ihn an, als ob es ein Wunder wäre, daß er auch solche Töne hervorbringen kann.

Es ist auch hier so, wie bei allem, was wir vor, neben und mit den kleinen Kindern tun: Nicht auf das perfekte Können kommt es an. Die Kinder freuen sich, wenn der Erwachsene überhaupt singt oder summt – so gut er es eben vermag. Oft kann man erleben, daß auch eine bescheidene Musikalität den Kindern entgegenkommt. Selbst dann, wenn man sich nur in singendem Tonfall an sie wendet, fühlen sie sich eher angesprochen, als wenn man die Worte in nüchterner Sprache vorbringt.

Auch bei Puppenspielen bietet es sich an, etwas Musikalität in die Sprache zu legen. Für kleine Kinder ist nicht nur der Text wichtig, sondern vor allem auch der Sprachklang. Bei einer melodischen oder rhythmischen Sprechweise, wie sie z.B. bei gereimten Texten gegeben ist, sind die Kinder aufmerksamer bei der Sache.

Musik und Puppenspiel

Puppenspiele lassen sich durch kleine Melodien bereichern. Wenn zu den Puppenspielen Musik gemacht wird, dann geschieht das nicht, um den Kindern eine noch perfektere Aufführung zu liefern. Musik erklingt, um dem Spiel einen gewissen Rahmen zu geben. Gespielt wird zu Beginn, noch bevor die Geschichte anfängt und am Schluß zur Abrundung, zum Ausklang. Soll es auch während des Puppenspiels Musik geben, dann nur in einer Pause, wenn die Figuren nicht bewegt werden. So kommt man auch gut zurecht, wenn man alleine ein Puppenspiel spielt.

Einstimmen mit Musik

Viele Mütter und Väter kennen das. Man hat sich Zeit genommen, um mit den Kindern zu spielen oder ihnen eine Geschichte zu erzählen, doch sie sind so zappelig, daß man gar nicht weiß, ob sie überhaupt bei der Sache sind. Es fällt ihnen schwer, wenigstens für eine Weile innerlich zur Ruhe zu kommen.

Kann man denn von den Kindern erwarten, daß sie jederzeit in der Stimmung sind, zuzuhören und etwas aufzunehmen? Wenn es z.B. kurz zuvor noch recht laut zugegangen ist – läßt sich dann gleich die nötige Ruhe und Gelassenheit herbeiführen, die zu einem Puppenspiel gehört?

Übergänge schaffen

Manchmal braucht man Übergänge, um aus dem Alltag in das Reich der Phantasie hineinzufinden. Solche Übergänge lassen sich schaffen, wenn z.B. vor Beginn eines Puppenspieles etwas

Musik gemacht wird. Eine musikalische Einstimmung verändert augenblicklich die Atmosphäre. Auch auf Kinder, die Schwierigkeiten haben stillzusitzen, wirkt sie harmonisierend.

Gespielt wird eine einfache kleine Melodie. Es genügt, wenn eine Folge von wenigen Tönen mehrmals wiederholt wird. Vielleicht spielt man so lange, bis sich die Unruhe gelegt hat.

Die Musik hilft den Kindern in ein harmonisches Atmen zu kommen. Jetzt sind sie bereit, sich auf etwas anderes einzulassen. Die eigenen Befindlichkeiten sind nun für eine Weile nicht mehr so wichtig. Die Kinder wollen sehen was es geben wird.

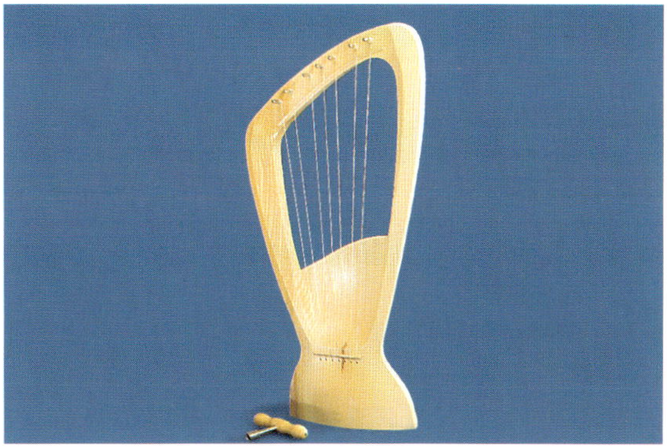

Abb. 57

Instrumente

Musik zu Puppenspielen macht man besser nicht mit anspruchsvollen großen Instrumenten. Ihr voller Klang verträgt sich nicht mit den behutsamen Gebärden und Bewegungen eines Puppenspieles.

Zur Musikbegleitung wählt man lieber zartklingende Instrumente wie Kinderharfe (Abb. 57), Kantele (Abb. 58) oder Glockenspiel (Abb. 59). Hier werden die Kinder nicht mit Klangvolumen überladen, sondern sie müssen die Ohren spitzen, um etwas zu hören.

Abb. 58

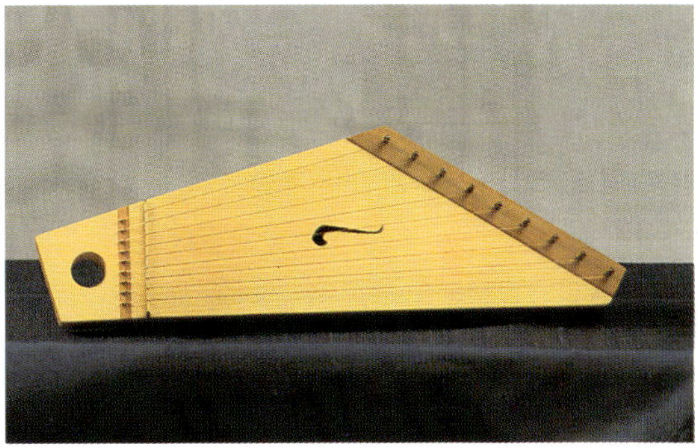

Kantele, Kinderharfe und Glockenspiel sind pentatonische Instrumente. Man kann auf ihnen auch spielen, wenn man glaubt, nicht musikalisch zu sein, denn alle Töne klingen zueinander harmonisch.

Musik paßt zu allen in diesem Buche angegebenen Spieltexten, auch wenn es nicht bei jedem Spiel eigens angegeben ist.

Abb. 59

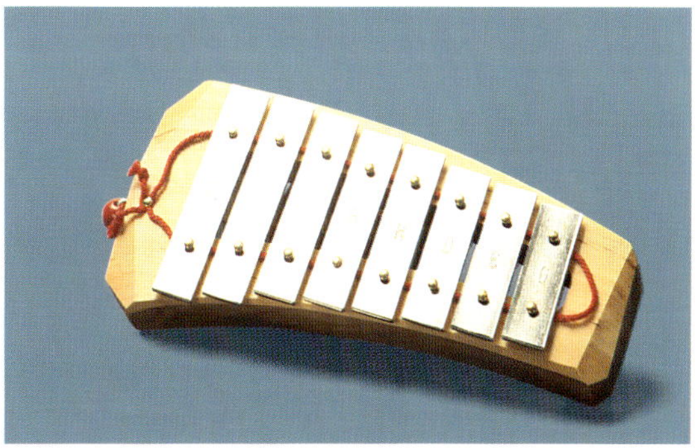

12 Improvisieren lernen

Improvisieren und spielen

Wie kann ich mein Kind zum Spielen anregen? Dies ist Thema in einem Elterngesprächskreis. In der Einführung wird unter anderem dargestellt, daß Kinder heute im allgemeinen eine Fülle von Spielzeug besitzen, daß sie aber kaum mehr richtig spielen können. Die Anwesenden bestätigen das: «Eben deswegen bin ich ja hier», sagt eine Mutter. Es wird – an einigen Beispielen – darauf aufmerksam gemacht, daß die Kinder vor allem dann Phantasie und Ideen entwickeln, wenn Erwachsene sie dazu anregen und daß man nicht unbedingt viel Spielzeug braucht, um zu spielen.

Jeder hat Ideen und Phantasie

«Es genügt ja nicht, nur darüber zu sprechen, daß wir als Mütter und Väter selbst kreativ sein müssen, wenn wir wollen, daß die Kinder es auch sind», sagt die Leiterin des Abends. «Das bleibt im Kopf stecken, und dann ist es wieder vergessen. Machen wir es doch wirklich. Probieren wir einmal aus, welche Ideen jeder von uns entwickeln kann.»

Fangen wir einfach an zu spielen

Nun wird gebeten, sich jeweils paarweise oder zu dritt zusammenzufinden. Jede Gruppe bekommt ein Päckchen Papiertaschentücher. Es stehen außerdem Farben bereit, Scheren, Schnur und Klebestoff. Die Teilnehmer dürfen mit diesen Tüchern machen, was sie wollen: schneiden, reißen, bemalen, etwas daraus formen – nur eines ist wichtig: es soll ein Spiel daraus entstehen, das für Kinder im Vorschulalter geeignet ist. Dafür wird eine Viertelstunde Zeit gegeben. Es gibt Platz genug, daß sich jede Gruppe in eine Ecke zurückziehen kann.

Was kann man denn spielen?

Die Mütter und Väter sind überrascht. Sie hatten sich darauf eingerichtet, etwas vorgeführt zu bekommen. Für einen Moment herrscht Ratlosigkeit: «Oh je ... da weiß ich nichts!» heißt es hier und dort ruft jemand: «Was kann man denn da spielen?» Dann aber beginnt unvermittelt eine Regsamkeit unter den Teilnehmern, wie sie eben noch nicht denkbar gewesen wäre. Mit einem Mal wird bei jedem die Phantasie rege. Manche sprudeln nur so vor Ideen. Innerhalb der Gruppen tauscht man sich aus, trägt zusammen, ergänzt. – Da ein freudiger Ausruf: «Ja, das machen wir!» Dort ein glückliches Lachen, die Freude über einen Einfall.

Das hat Spaß gemacht!

Nach einer Viertelstunde hat jede Gruppe die Aufgabe gelöst. Manche Gesichter sind noch gerötet vor Eifer. Ein Vater sagt: «Das hat Spaß gemacht!» Spaß haben die Eltern auch jetzt, wenn nun eine Gruppe nach der anderen das Spiel vorführt, das sie erfunden hat. Es gibt viel zu lachen. «Es ist wirklich phantastisch», sagt jemand, «ich hätte gar nicht gedacht, was man mit diesen simplen Taschentüchern alles machen kann.»

Die Zeit ist wie im Flug vergangen. Jeder der Anwesenden will das, was er hier erlebt und selbst gemacht hat, auch zu Hause bei den Kindern ausprobieren. Man will sich wieder treffen. Das nächste Mal zu dem Thema: «Kleine Puppenspiele für jeden Tag.»

Kleine Puppenspiele für jeden Tag

Bei ihrer nächsten Begegnung haben die Eltern Gelegenheit, zu erleben und zu erfahren, wie man mit wenigen Mitteln kleine Puppenspiele aufbauen kann. Es geht darum, den Erwachsenen Anregungen zu geben, daß dies ohne weitere Vorbereitungen oder Erfahrungen möglich ist. Der Flut der künstlichen Bilder, wie z.B. das Fernsehen sie bietet, kann etwas entgegengesetzt werden, wenn man den Kindern Vorbilder gibt, die zur Nachahmung anregen: selbst aktiv werden, selbst Bilder bewegen, anstatt Bilder zu konsumieren.

Puppenspiele sind eine Möglichkeit, Bilder wahrzunehmen, die vom Menschen bewegt sind und die durchschaubar sind:

Eine Kinderharfe und ein Glockenspiel liegen bereit und außerdem einige Spielmaterialien zur Anschauung: farbige Spieltücher, ein Korb mit ungesponnener Schafwolle in verschiedenen Wollfarben: weiß, braun und grau, etwas farbige Märchenwolle, einige Naturmaterialien.

Einfache Materialien zum Spielen

Die Eltern können sich mit den vorbereiteten Dingen vertraut machen. Sie erleben die charakteristischen Qualitäten der Naturmaterialien, die sich für vielfältige Spiele verwenden lassen und die zum Selbsterfinden anregen.
Wie man mit einfachen Gegenständen und Figuren ins Spielen kommen kann, das wird gleich anschaulich gemacht. Vor den Augen der Teilnehmer wird eine Spielebene aufgebaut: eine Wiese, ein Baum und ein Haus entstehen, Figuren kommen dazu. Ein wenig Musik auf der Kinderharfe: ein Puppenspiel wird gespielt.

Abb. 60

Abb. 60 a

Ich kann mir keinen Text merken

Die Eltern gucken die ganze Zeit gespannt, wie kleine Kinder. Es hat ihnen gefallen, was sie da gesehen haben. – «Ich hätte keine Zeit, so einen Text zu lernen», sagt eine Mutter, «ich könnte ihn mir auch nie behalten.»

Der Text zu diesem Spiel lag die ganze Zeit offen neben der Spielebene. Hat es denn keiner bemerkt, hat es nicht gestört, daß nicht auswendig gesprochen wurde? Niemand hatte darauf geachtet. Die Eltern haben erlebt, daß es nicht unbedingt erforderlich ist, erst stundenlang Texte auswendig zu lernen, bevor man zu spielen anfängt.

Puppenspiele selbst erfinden

Wo ein lebendiger Gedanke auftaucht, wirkt er belebend und anregend auf die Phantasiekräfte. Warum nicht einen Text spontan erfinden, etwas aufbauen, sich auf ein Spiel einlassen?

Eine Mutter erzählt, daß sie zu Hause auch Spieltücher für die Kinder hat. Ob sie nicht Lust hat, ein Spiel aus dem Stegreif aufzubauen? Sie zögert erst noch, aber dann will sie es doch probieren, wenn noch jemand mitmacht. Eine andere Teilnehmerin gesellt sich dazu. Sie sagt gleich entschuldigend: «Aber ich hab das noch nie gemacht, ich versuche das nur.» Ein Vater nimmt sich das Glockenspiel: «Na gut», sagt er, «dann mach ich die Musik dazu!»

Ein improvisiertes Puppenspiel entsteht

Ein braunes Tuch wird als Acker neben die Wiese gebreitet, ein blaues Tüchlein ist der Bach. – «Über den Bach muß natürlich eine Brücke führen.» – «Bäume brauchen wir auch noch!» – «Das sieht schon richtig gut aus», meint jemand. «Ja, bloß, was spielen wir jetzt?»

Eine Mutter will es versuchen. Sie nimmt eine Spielfigur: «Das ist das Hänschen», sagt sie. Das Hänschen geht nun des Weges. Es läuft eine Weile durch die Spiellandschaft. Das Hänschen hat sich verlaufen. Es will nach Hause. Es begegnet nacheinander verschiedenen Figuren, bis schließlich die Mutter kommt. Sie hat das Hänschen schon überall gesucht und nun ist sie froh, daß es wieder da ist. – Musik auf dem Glockenspiel – das Spiel ist zu Ende.

«Bravo», sagt jemand. «Ach, das war jetzt nur so aus dem Stegreif», sagt die Spielerin, «aber es war wirklich nicht so schwer, wie ich dachte. Ich glaube, das liegt an den Puppen, wenn man die in der Hand hat, dann fällt einem schon irgend etwas ein.»

Jetzt haben auch die anderen Lust bekommen zu spielen, doch die Zeit reicht nicht mehr. Die Eltern wollen zu Hause mit den Kindern spielen. Sie versuchen, noch ein bißchen zusammenzutragen, was man zum Beispiel aus dem Stegreif in bewegte Bilder bringen könnte.

Spiele aus dem Stegreif

Eine Begebenheit vom Alltag zu Hause vielleicht oder von einem Spaziergang? – «Ja, ich glaube, das ist eine gute Idee», sagt ein Vater.

Eine Mutter überlegt ob so ein Spiel vielleicht auch eine pädagogische Hilfe sein könnte: «Mein Sohn zündelt immer so gerne», sagt sie, «wir haben ihm schon so oft gesagt, daß er das lassen soll – aber das hat nichts geholfen. Vielleicht versuch' ich das auch mal mit so einem Puppenspiel.»

13 Pädagogische Gesichtspunkte

Erst einmal ganz einfach beginnen

Es wurde gezeigt, wie man einfache Dinge mit Phantasie beleben und zum Spielen verwenden kann. Tücher, aus denen sich Spielfiguren knüpfen lassen, finden sich in jedem Haushalt. Nach und nach kann man sich dann Spieltücher zulegen und Stehpuppen z.B. aus ungesponnener Schafwolle und Märchenwolle formen. Bei Gelegenheit lassen sich auch in der Natur verschiedenste Dinge zum Spielen finden. Die Kinder brauchen nicht alles auf einmal. Es ist spannend, wenn nach und nach etwas dazukommt.

Alles braucht seine Zeit

Kinder, die bislang hauptsächlich vorgefertigtes Spielzeug hatten, werden nicht von heute auf morgen nur noch mit Materialien spielen, die zum Selbsterfinden anregen. Es ist wenig damit getan, verwandelbare Materialien wie Wolle, Knetwachs und Tücher herbeizuschaffen. Diese Gegenstände allein bewirken nichts. Es ist notwendig, sie zum Leben zu erwecken. Die Kinder müssen sehen, was man daraus alles entstehen lassen kann und vor allem, daß die Sache Spaß macht! Die Freude am Spiel überträgt sich auf die Kinder. Alles braucht seine Zeit und vor allem immer wieder das Vorbild der Erwachsenen.

Eine Erfahrung, die man selbst machen kann: Wenn die Kinder nicht mit Spielzeug überhäuft sind, macht man es ihnen leichter, ins phantasievolle Spiel zu kommen.

Eine Ecke zum Spielen

In einem Kinderzimmer, das reichlich ausgestattet ist mit allerlei buntem und perfektem Spielzeug, in dem viel Material herumliegt, lassen sich Puppenspiele nicht so gut aufbauen. Sinnvoll ist es, irgendwo in der Wohnung eine Ecke zu finden, damit die Spielbereiche einander nicht stören.

Wenn sich die Kinder entschließen, ein Puppenspiel zu spielen, dann tun sie das immer aus dem Augenblick heraus; deshalb ist es wichtig, daß die Spielmaterialien sichtbar sind und zum Spielen einladen.Naturmaterialien und auch Spieltücher kann man z. B. in Körben aufbewahren (Abb. 60).

Wo wohnen die Figuren?

Die Stehpuppen, die Tiere und die Zwerge wollen immer wieder belebt werden. Dazu müssen sie sichtbar aufgestellt sein. Sie regen besonders dann zum Spielen an, wenn sie in kleinen Gruppen arrangiert sind.

Puppenspiele aufbauen und spielen

Für ein Stehpuppenspiel braucht man Platz genug für die Spielebene und für die Zuschauer. Man sucht sich eine geeignete Stelle, auf der möglichst wenig herumliegt, was ablenken könnte. Gegebenenfalls werden störende Dinge mit Tüchern oder Decken abgedeckt.

Spielebene

Eine eigene Bühne ist nicht notwendig. Puppenspiele werden z.B. auf einem niedrigen Tisch aufgebaut, oder man verlegt die Spielebene auf den Boden, dorthin, wo auch die Kinder selbst am liebsten spielen.

Spieler

Der Spieler ist sichtbar. Er befindet sich hinter der Spielebene und führt die Figuren. Hier kann er auch gelegentlich einen Blickkontakt zu den Kindern herstellen, etwa um zu sehen, ob sie verstehen, was geschieht oder ob er zu schnell spielt.

Klappernde Armreifen, Ringe oder Uhren können von der Zuschauerseite aus als störend empfunden werden. Es ist besser, wenn diese Dinge vor dem Spiel ablegt werden.

Zuschauer

Kinder sind aufmerksamer, wenn sie einen eigenen bezeichneten Sitz haben. Sie sitzen vor der Spielebene auf Kissen oder kleinen Stühlen.

Beleuchtung

Normales Tageslicht ist für Puppenspiele völlig ausreichend. Gegebenenfalls wird man die Vorhänge ein wenig schließen, um eine geborgenere Stimmung zu schaffen. Wenn das Tageslicht nicht mehr ausreicht, läßt sich die Spielfläche mit einer Strahlerlampe ausleuchten. Es ist sinnvoll, vor dem Spiel von der Zuschauerseite aus zu prüfen, ob die Bühne gut ausgeleuchtet ist.

Ein Puppenspiel zu besonderen Anlässen kann einen festlichen Rahmen bekommen, wenn der Raum, in dem es stattfindet, mit vielen Kerzen erhellt ist (Kerzenleuchter auf beiden Seiten der Spielebene oder eine Reihe von Teelichtern auf dem Boden vor der Puppenspielebene). Aber – alles zu seiner Zeit! Eine Beleuchtung mit Kerzen gehört vor allem in die dunklere Jahreszeit.

Märchenwolke

Ein Puppenspiel zu besonderen Anlässen wird schon vor dem Spiel aufgebaut und mit einer «Märchenwolke» abgedeckt. Die Märchenwolke ist ein weiches großes Spieltuch.

Eine Märchenwolke kann, je nach Jahreszeit, verschieden aussehen: z.B. können im Fasching Luftschlangen darüber verteilt werden oder im Herbst einige bunte Blätter. Im Winter kann ein weißes Tuch als Schneewolke über dem Spiel liegen.

Wenn die Spiele zunächst abgedeckt sind, erhöht sich die Spannung. Auch die Kinder, die sonst eher unruhig sind, sind nun bei der Sache. Sie sind gespannt, wie es unter der Märchenwolke aussieht. Wenn der Wind herbeikommt, um die Wolke wegzublasen, dann blasen die Kinder meistens mit: Der Spieler schiebt die Märchenwolke behutsam zur Seite. Die Spielebene ist zu sehen.

Zum Ende des Spieles wird die Märchenwolke wieder über das Spiel gedeckt, und es erklingt vielleicht noch etwas Musik.

Führen der Puppen

Zum Puppenspiel gehört Gelassenheit. Das ruhige Führen der Figuren ist wichtig, damit sich das Kind in die Handlung einstimmen kann. Nicht aufgeregtes Hin- und Herhopsen gibt der Puppe Leben, sondern die einfache Bewegung. Oft genügt es, die Figur, die gerade auftritt, nur zu berühren, man weiß dann, wer gerade spricht.

Die Figuren sind immer der Zuschauerseite zugewandt. Sie werden nicht am Kopf geführt, sondern um die Körpermitte.

Wer spielt?

Puppenspiele kann man alleine spielen. Größere Puppenspiele sind leichter zu zweit zu gestalten. Einer kann dann die Musik machen und den Text lesen, und der andere führt die Figuren.

Sprache

Der gesprochene Text paßt sich den Bewegungen der Figuren an. Zwischendurch kann man immer wieder kleine Pausen machen. Das Kind hat dann die Gelegenheit, in Ruhe dem Geschehen zu folgen.
Es wird langsam gesprochen, aber nicht monoton und langweilig. Die Kinder dürfen schon erleben, daß dem Erwachsenen das Spiel Freude macht. Sie spüren auch an der Sprechweise, ob er innerlich beteiligt ist, und sie sind, je nachdem, mehr oder weniger aufmerksam.

Jeden Tag ein neues Spiel?

Es kann das gleiche Puppenspiel mehrere Tage hintereinander gespielt werden. Den Kindern werden dadurch Qualitäten vermittelt, die sie in unserer hektischen Zeit nötig haben: Sie können sich allmählich immer mehr mit den Bildern verbinden, die sie erleben. Eines Tages werden sie dann ganz von sich aus Lust zum Nachspielen haben. Kinder im Vorschulalter brauchen Vorbilder, nicht nur einmal, sondern immer wieder. Die Wiederholung ist ein wichtiges Element für alles, was wir an sie heranbringen wollen!

Als Erwachsener hat man gerne Abwechslung. Das, was man einmal erlebt, gelesen oder gesehen hat, das «kennt» man schon. Man hat das Bedürfnis, etwas anderes zu erleben. Bei Kindern, besonders im Vorschulalter, ist das anders, sofern sie nicht von Erwachsenen bereits angesteckt wurden, nach immer Neuem zu drängen. Kleine Kinder brauchen die Wiederholung. Sie freuen sich, wenn sie etwas wiedererkennen.

Wann, wo, wie oft wird gespielt?

Es genügt heute nicht mehr, wenn die Kinder nur ab und zu ein Puppenspiel sehen, denn Tag für Tag wirkt eine Flut von künstlichen Bildern auf sie ein. Sie brauchen ein Gegengewicht dazu: Von Menschen bewegte, durchschaubare Bilder, wie sie z.B. durch Puppenspiele vermittelt werden können. Die Nachahmungsfreude und die Phantasie wird vor allem dann beflügelt, wenn Puppenspiele möglichst oft erlebt werden können, am besten jeden Tag.

Welches Puppenspiel für welches Alter?

Gespielt wird für Kinder etwa ab drei bis vier Jahren bis ins erste Schulalter hinein. Für die Kleinen spielt man möglichst kurze Puppenspiele (Beispiele auf S. 16 bis S. 53). Sie können noch nicht so lange stillsitzen. Wenn ihnen ein Spiel zu lange dauert oder wenn sie den Zusammenhang verlieren, dann schalten sie einfach ab. Sie wollen dann nicht mehr sitzen bleiben.
Ältere Kinder haben es gerne, wenn die Geschichten etwas umfangreicher sind.

Das besondere Puppenspiel

Neben den Puppenspielen, die man im Alltag spielen und improvisieren kann, ist ein fertig aufgebautes Puppenspiel immer ein besonderes Ereignis. Es darf auch vorher schon ein bißchen geheimnisvoll und spannend für die Kinder sein, etwa wenn das Spiel in einem Raum vorbereitet wurde, in den sie erst zu Beginn des Spieles eintreten dürfen.

Ein besonderes Puppenspiel kann es z.B. an Geburtstagen, an Sonntagen oder Festtagen geben, wie es die nachfolgende Geschichte illustrieren will. Es wird vor dem Spiel aufgebaut und mindestens einmal geprobt.

Es war sein vierter Geburtstag und Martin war krank. Die Geburtstagsfeier mit den Freunden mußte ausfallen, aber es sollte doch etwas Besonderes an diesem Tag geben. So baute die Mutter für den Nachmittag ein kleines Puppenspiel auf.

Vom Bett aus hatte der Bub schon mitbekommen, daß die Mutter im Nebenzimmer etwas vorbereitete. Er war sehr neugierig und wollte immer wissen, was das wäre. Am Nachmittag war die Freude groß: Ein kleines Glöckchen läutete, und Martin wurde samt seiner Bettdecke ins andere Zimmer geholt. Dort durfte er sich auf ein großes Kissen setzen.

Auf dem Boden war etwas, das sah sehr geheimnisvoll aus. Es war mit einem zarten Tuch abgedeckt, und man konnte noch nicht so genau ausnehmen, was sich darunter verbarg. Die Mutter machte etwas Musik, dann hob sie behutsam das Tuch – die Märchenwolke – beiseite. Jetzt war eine Spiellandschaft zu erkennen. Die Mutter erzählte die Geschichte von dem Großväterchen, das Rübchen ziehen wollte, und sie bewegte kleine Figuren dazu. So etwas hatte der Bub noch niemals vorher gesehen. Er saß und staunte. Ganz versunken schaute er zu. Als das Spiel beendet war, sagte er: «Nochmal!»

Dieses besondere Puppenspiel ist in Erinnerung geblieben: Ein Jahr später war Martins fünfter Geburtstag. Ein kleiner Gabentisch mit Geschenken war vorbereitet. Unter anderem gab es farbiges Knetwachs. Martin freute sich: «Oh, jetzt hab ich wieder rot und grün!» sagte er. Gleich fing er an zu kneten. Er formte ein Rübchen: «Für's Puppenspiel am Nachmittag!» sagte er.

14 Kinder spielen Puppenspiele

Wenn Kinder öfter Puppenspiele sehen, dann beginnen die Bilder, die sie dabei erleben, zu wirken. Die Kinder sind angeregt, ebenfalls Puppenspiele aufzubauen. Spieltücher, Figuren und Materialien verwenden sie dann so, wie sie es beim Erwachsenen abgeschaut haben. Anfangs halten sie sich meistens noch an das, was ihnen vorgespielt wurde, wobei sie sich oft erstaunlich gut an Einzelheiten erinnern können.

Die Kinder kommen vor allem dann ins Nachspielen, wenn es den Erwachsenen gelingt, technische Unterhaltungsgeräte und allzu viele Spielzeuge von ihnen fernzuhalten.

Die Kinder erfinden eigene Spiele

Im Laufe der Zeit wird gerne improvisiert. Einfache Dinge können Spielfiguren sein:

Susanne (5 J.) hatte ein Spiel gesehen, in dem ein Fuchs vorkam. Sie wollte das Spiel zu Hause nachspielen. Sie hatte schon alles aufgebaut, was sie brauchte. Dann kam sie zur Mutter: «Jetzt brauch' ich noch einen Fuchs», sagte sie. Die Mutter hatte auch keinen Fuchs, aber sie holte ein Körbchen, in dem etwas farbige Märchenwolle aufbewahrt war. Ein Stückchen rostrote Wolle lag darin: «Schau, hier hast du Fuchswolle!» sagte sie. Susanne strahlte. Sie nahm die Wolle gleich so, wie sie war. Das Spiel mit dem Fuchs konnte beginnen.

Kinder spielen auf ihre Weise

Kinder spielen auf ihre Weise. Sie legen die Tücher anders als der Erwachsene, sie fassen die Figuren auf ihre Art, und das ist gut so, denn das ist ihre eigene künstlerische Freiheit. Versuche man nicht, die Kinder zu verbessern, sie würden dadurch die Lust am Spielen verlieren.
Etwa zum Schulalter hin spielen die Kinder manchmal schon sehr individuell. Sie entwikkeln eigene Ideen, die sie nicht beim Erwachsenen abgeschaut haben können:

Jakob (6 J.) baute einmal eine Landschaft. Grüne und braune Spieltücher waren Wiese und Feld. Da kam ein Bauer und säte. Die Sonne sollte scheinen: Als Sonne wurde ein zusammengefaltetes gelbes Tuch am oberen Stockwerksbett eingeklemmt.

Das Aufbauen

Wenn Kinder Puppenspiele spielen, dann sind sie die meiste Zeit mit dem Aufbauen beschäftigt, denn das gehört für sie schon zum Spiel. Das, was dabei herauskommt, ist für sie weniger wichtig. Es geht ihnen vor allem darum, etwas entstehen zu lassen.

Kinder bereiten selbst Puppenspiele vor

Hans (6 J.) und seine kleine Schwester kommen vom Spaziergang mit dem Großvater nach Hause. Hans trägt in den Händen allerlei Naturmaterial: «Ich hab mir Zweige und Blätter mitgebracht», sagt er, «die brauch' ich aber!»

Am nächsten Tag baut der Bub ein Puppenspiel auf. Alle seine mitgebrachten Schätze verwendet er für die Spiellandschaft. Er will, daß die Eltern und die kleine Schwester zuschauen. Er hat Sitzkissen für sie vorbereitet. Hans spielt in Anlehnung an eine Geschichte, die er einmal gehört hat:

Zwerglein Papa und Zwerglein Mama verstekken sich unter der Erde zur Winterruhe. Nur der kleine Kinderzwerg will noch draußen bleiben. Abends legt er sich auf ein Ahornblatt und schläft ein. Am nächsten Morgen ist er ganz zugeschneit (Windel darüber). Da kommen drei Vögel: eine Ente, ein Rabe und eine Taube (aus bunter Wolle gezupft und an einem Ast festgebunden). Die Vögel holen den Zwergenpapa und die Zwergenmama. Die befreien dann ihr Zwergenkind vom Schnee.

Ihr dürft kommen!

Puppenspiele haben etwas sozial Verbindendes. Wer es spielt, wünscht sich, daß ein anderer zuschaut, das ist bei den Erwachsenen so – sie spielen für die Kinder, und das ist auch bei den Kindern so – sie wollen für die Erwachsenen spielen. «Ihr dürft kommen!» heißt es, sobald sie selbst ein Spiel vorbereitet haben.

Wenn die Erwachsenen sich Zeit nehmen und zuschauen, werden die Kinder auch weiterhin Freude daran haben, eigenständige Spiele aufzubauen. Solche Puppenspiele dauern ohnehin meistens nur wenige Minuten, denn, wie schon erwähnt, sind die Kinder die meiste Zeit mit dem Vorbereiten beschäftigt.

Andreas (4 J.) hatte zum Geburtstag einige farbige Spieltücher bekommen. Seitdem spielte er sehr häufig Puppenspiele, und jeder, der gerade zu Hause war, sollte zuschauen. Die kleine Schwester, die Mutter, der Vater und auch die Besucher. Die Schwester (2 J.) mußte dann schon schnell lernen, daß sie das vom Bruder liebevoll aufgebaute nicht einfach wegnehmen oder zerstören durfte, und bald war es schon so, daß sie, wenn Andreas ein Puppenspiel vorbereitete, die kleine Sitzbank vor die Tür vom Kinderzimmer schob, damit man daraufsitzen und zuschauen konnte.

Heute sollte ein Fest sein

Daß zu einem Festtag ein Puppenspiel gehört, das ist für die Kinder gar nicht anders denkbar, wenn sie es öfter so erlebt haben. Sie wollen dann auch im Spiel Feste feiern. Da wird zum Beispiel angekündigt: «Heute soll bei mir ein Fest sein!» Zu einem Fest gehört auch etwas Besonderes. Sechs- bis Siebenjährige haben schon Ausdauer, wenn es Geheimnisse geben soll: «Nicht kommen!» so heißt es dann, und niemand darf ins Kinderzimmer hinein, weil dort ein Puppenspiel als Überraschung aufgebaut wird. Manchmal werden auch Eintrittskarten vorbereitet und verteilt.

Die Kinder entwickeln schöpferische Vielfalt

Wenn Kinder Puppenspiele spielen, haben sie die Gelegenheit, auf vielfältige Weise schöpferisch zu sein und sich außerdem im Rollenspiel und in der Sprache zu üben:

Im Spiel können sie noch einmal Erlebnisse nachspielen, die ihnen wichtig sind, sie können frei nach ihrer Phantasie etwas erfinden und gestalten. Dadurch, daß sie selbst etwas in Bewegung bringen, erleben sie sich in einem schöpferischen Prozeß.

Im Puppenspiel werden verschiedene Figuren bewegt. Jede Figur hat eine eigene Rolle. Wenn das Kind nun nacheinander die verschiedenen Puppen führt, schlüpft es dabei abwechselnd in verschiedene Rollen und identifiziert sich mit ihnen.

Wenn Kinder Puppenspiele spielen, sprechen sie dabei immer. So üben sie sich – unaufgefordert – in der Sprache. Auffallend ist, daß sie deutlicher sprechen als sonst und daß sie bei ihren eigenen kleinen Puppenspielen zusammenhängende ganze Sätze sprechen.

Nachspielen und miteinander spielen

Wenn zwei oder mehrere Kinder beieinander sind, die damit vertraut sind, in ihrer Freispielzeit Puppenspiele zu spielen, dann kann man oft erleben, wie sie miteinander kommunizieren: «Mein Bauer kommt jetzt deinen Zwerg besuchen ...», heißt es da zum Beispiel. – Manchmal wird auch das Spiel des anderen auf unvorhergesehene Weise ergänzt:

Christine (5 J.) hat ein Puppenspiel vorbereitet. Der Bruder (7 J.) und die Mutter sollen zuschauen. Christine spielt eine selbstausgedachte Geschichte. Der Bruder aber fängt an zu pfeifen. Christine ärgert sich. Der Bruder: «Das ist doch der Wind, der pfeift so!»

15 Spieltücher

Spieltücher sind größere einfarbige Stofftücher in verschiedenen Farbtönen. Spieltücher lassen sich für allerlei phantasievolle Verwandlungsspiele verwenden. Zum Aufbau von Landschaften für Stehpuppenspiele sind sie unerläßlich. Spieltücher sind in Spielfachgeschäften kaum erhältlich. Sie lassen sich jedoch, mit mehr oder weniger Aufwand, selbst herstellen.

Stoffqualitäten

Erste Spieltücher, die man sich zulegt, sollten vor allem robust genug sein, damit sie auch von den Kindern benutzt werden können. Es wäre daher wenig sinnvoll, sich als erstes gleich Seidentücher anzuschaffen. Seidentücher sind nicht nur ungeeignet für die Spiele der Kinder, weil sie zu empfindlich und zu wertvoll sind, sie sind außerdem so glatt und fließend, daß sie leicht von dort wegrutschen, wo man sie haben will.

Als Spieltücher eignen sich weiche einfarbige Baumwollstoffe in verschiedenen Tönen, vom Meter geschnitten. Es genügt, wenn sie an den Schnittkanten gesäumt werden.

Am Anfang braucht man nicht gleich eine ganze Palette von Tüchern. Es genügen erst einmal zwei bis drei Stück in verschiedenen Farben. Nach und nach können, vielleicht auch zu besonderen Anlässen, weitere dazukommen.

Formate

Spieltücher sollen nicht zu klein sein, denn sie werden für die Puppenspiele niemals glatt ausgebreitet. Man legt sie locker auf die Spielunterlage, so daß sie noch einige Falten werfen. Die Länge hängt von der Stoffbreite ab: auf 80 bis 90 cm Breite rechnet man etwa 150 bis 180 cm Länge, auf 140 cm Breite etwa 100 cm Länge.

Spieltücher mit Pflanzenfarben färben

Das Färben mit Pflanzenfarben gehört zu den spannendsten Dingen, die man zusammen mit den Kindern vorbereiten und erleben kann. Spaziergänge werden nun noch auf eine andere Art erlebnisreich, wenn man mit dem Korb hinaus in die Natur geht und verschiedene Blätter und Blüten als Färbegut aussucht. Die Kinder sind dann oft so angeregt, daß sie gleich alles mögliche sammeln wollen, was man nach ihrer Ansicht noch zum Färben verwenden könnte.

Viele der einheimischen und häufig vorkommenden Pflanzen eignen sich im getrockneten Zustand gut zum Färben. Das Auskochen der Pflanzenteile in einen Farbsud und das Einfärben der Stoffe ist ein Erlebnis für Kinder und Erwachsene, denn dabei ergeben sich erstaunliche Umwandlungsprozesse. Welche Farbe löst sich heraus, wenn man z.B. rote Zwiebelschalen köchelt? Wird das in diesem Sud gefärbte Tuch in einem schönen Rot erscheinen? Was ergibt sich aus den glänzenden grünen Blättern eines Erlenbaumes, wenn diese Blätter getrocknet sind und ausgekocht werden? Welchen Farbton werden die damit gefärbten Tücher haben?

Man wird die Erfahrung machen, daß z.B. das Grün, das ja in der Natur so reichlich vorhanden ist, sich nicht als Farbsud auskochen läßt. Ein grünes Tuch ist aus gesammelten getrockneten Blättern alleine nicht zu färben. Auch das Rot der Rosen oder das Blau anderer Blüten läßt sich nicht auf Stoff übertragen. Am einfachsten sind Gelbtöne zu färben. Je nach Pflanze gewinnt man verschiedene Tonabstufungen vom zarten Hellgelb bis zum kräftigen Goldgelb. Aus allen Gelbtönen läßt sich der in der Pflanze vorhandene grüne Farbstoff entwickeln, wenn in bestimmtem Verhältnis Eisen(II)sulfat zugegeben wird.

Damit das Färben mit Pflanzen gelingt, ist es wichtig, auf die genauen Mengen- und Gewichtsverhältnisse von Wasser, Färbegut und anderen Zutaten zu achten. Gefärbt wird ausschließlich mit getrockneten Pflanzenteilen, denn daraus läßt sich ein intensiverer Farbsud auskochen. Für Wolle und Seide werden andere Zusammensetzungen benötigt als für Baumwolle.

Alle hier angegebenen Zutaten sind ungiftig, wenn sie allein zum Färben von Stoffen verwendet werden. Es entstehen keine gefährlichen Dämpfe. Benutzte Beiz- und Farblösungen können ohne biologische Belastung dem Abwasser zugeführt werden.

Es kann also unbesorgt im Beisein der Kinder gefärbt werden. Neben dem Färbegut werden als weitere Zusätze Alaun, Eisen(II)sulfat und Pottasche verwendet.

Baumwollnessel

Um das Färben so einfach wie möglich zu machen, beziehen sich nachfolgende Rezepte nur auf eine Stoffqualität. Verwendet wird dünner Baumwollnessel. Er ist meistens nur naturfarben erhältlich, eignet sich aber hervorragend zum Färben.

Baumwollnessel ist ein preiswerter und für Spieltücher besonders gut geeigneter Stoff. Er ist leicht, fällt sehr schön und ist robust genug, daß ihn auch Kinder für ihre Spiele verwenden können. (Bezugsquelle S. 109)

Das Gewicht eines ungefärbten, gesäumten Tuches aus dünnem Baumwollnessel von 140/100 cm liegt bei ca. 75 g. Alle nachfolgenden Rezepte sind für dieses Stoffgewicht ausgelegt. Wenn also z.B. Baumwolltücher gefärbt werden sollen, die schwerer sind, als 75 g/Stück, dann muß die Menge des Beizmittels sowie des Färbegutes entsprechend erhöht werden.

Vorbereitungen zum Färben

Die zugeschnittenen Nesseltücher werden zunächst einmal gesäumt. Dies ist sehr zu empfehlen, damit die Tücher in einem ansehnlichen Zustand bleiben. Bei Spieltüchern, die an den Rändern eingefaßt sind, kommen die Kinder überhaupt nicht auf die Idee, daran herumzuzupfen. Sie gehen ganz von sich aus pfleglicher damit um. Gesäumt wird mit der Hand oder mit der Nähmaschine.

Die gesäumten Tücher werden mit dem Programm Kochwäsche gewaschen, damit die Appretur aus dem Stoff herausgelöst wird.

Das Beizen

Durch das sogenannte Beizen werden die Stoffe zum Färben vorbereitet. Die Farben können dann besser aufziehen. Beizen sind für fast alle Färbungen notwendig. Gebeizt wird mit Alaun (in Apotheken erhältlich).

Beize für ein Tuch

Für ein Tuch aus dünnem Baumwollnessel von 75g Stoffgewicht: 3 l Wasser in einen Topf füllen, auf die heiße Herdplatte stellen, 3 leicht gehäufte Teelöffel Alaun zugeben und solange umrühren, bis das Alaun aufgelöst ist. Das gesäumte, gewaschene Nesseltuch wird angefeuchtet in diese Lösung gelegt. Man läßt es kurz aufkochen und eine Stunde lang köcheln, dabei wird es mit einem langen Löffel von Zeit zu Zeit umgewendet. Nach dieser Prozedur ist der Beizvorgang beendet, die Beize ist erschöpft. Für jedes weitere Tuch muß wieder eine neue Beize vorbereitet werden.

Gebeizte Tücher

Das gebeizte Tuch wird in der Waschmaschine geschleudert oder so fest wie möglich ausgewrungen und gleichmäßig feucht in den Färbesud eingelegt.

Wenn nicht gleich gefärbt wird, kann das gebeizte Tuch ein bis zwei Tage in einer geschlossenen Plastiktüte aufbewahrt werden, damit es feucht bleibt.

Die Pflanzen vorbereiten

Viele Blätter, Blüten und Pflanzenteile für die nachfolgenden Rezepte kann man selbst sammeln. Blätter werden im Sommer geerntet, wenn sie voll entwickelt und noch grün sind. Schalen von roten und gelben Zwiebeln kann man das ganze Jahr über beiseite legen. Die meisten der hier angegebenen Färbepflanzen sind aber auch in Kräuterhandlungen und Apotheken erhältlich. Färbegut, wie z.B. Rotholz oder Krapp kann man vor Ostern in allen Naturkost- oder Reformhäusern bekommen. Zutaten zum Färben, Beizen und Entwickeln sind auch über den Versandhandel zu beziehen (Bezugsquellen siehe S. 109).

Selbstgesammelte Blätter werden auf ein Leintuch gelegt und im Schatten getrocknet. Sie müssen rascheltrocken sein. Sie lassen sich auch einige Zeit in gut verschließbaren Gläsern aufbewahren. Damit sie nicht so viel Platz beanspruchen, werden sie mit einem Nudelholz oder zwischen den Händen so gut wie möglich zerkleinert.

Das Färben

Zum Färben mit Pflanzenfarben braucht man etwas Geduld, denn die Farbe löst sich nicht allein durch das Kochen aus den Pflanzen. Der ausgekochte Farbsud wird intensiver, wenn man ihn noch über Nacht stehen läßt.

Zum Färben verwendet man am besten einen mittelgroßen Edelstahlkochtopf. Sollten sich nach dem Färben noch Farbspuren im Topf finden, so lassen sich diese ohne weiteres mit Stahlputzlingen entfernen.
Bei allen nachfolgenden Rezepten wird gleichermaßen verfahren:

- Tuch säumen
- mit der Kochwäsche waschen
- beizen
- Farbsud auskochen
- über Nacht stehen lassen
- abseihen
- auf drei Liter ergänzen
- feuchtes gebeiztes Tuch einlegen
- 1-2 Stunden köchelnd färben
- Tuch im Farbsud erkalten lassen
- Nachbehandlung

Der Farbsud

Die getrockneten Pflanzen in der jeweils angegebenen Gewichtsmenge in etwa 3 l Wasser aufsetzen, zum Kochen bringen und 1 - 2 Stunden lang weiterköcheln. Den Sud über Nacht ziehen lassen, am nächsten Tag abseihen und etwas ausdrücken. Jeden Farbsud mit Wasser auf 3 l ergänzen, gebeiztes, feuchtes Baumwolltuch einlegen, im Farbsud zum Kochen bringen und 1 – 2 Stunden lang köcheln lassen. Das Tuch währenddessen mit einem langen Löffel immer wieder bewegen, damit es gleichmäßig Farbe annehmen kann. Im Farbsud auskühlen lassen. Die Nachbehandlung ist bei allen gefärbten Tüchern gleich:

Nachbehandlung

Das gefärbte Tuch einmal spülen, mit etwas Feinwaschmittel waschen und anschließend wieder spülen, bis alle Farbreste ausgewaschen sind.

Verschiedene Farben

Bei den folgenden Rezepten beziehen sich die Mengenangaben immer auf das getrocknete Pflanzengut.

Gelbfärbungen

Gelbtöne sind sehr einfach zu färben. Man bereitet den Farbsud nach Rezept vor (siehe oben), legt das vorbereitete Tuch ein, färbt es 1 – 2 Stunden und läßt es im Farbsud erkalten.

Mit einheimischen Pflanzen erreicht man Gelbtöne in verschiedenen Tonabstufungen:

Goldgelb

- 50 g gelbe Zwiebelschalen, zwei Stunden ausgekocht. Das Tuch zwei Stunden köchelnd färben (1. Färbung)
- Sud aufheben für:

Zitronengelb

- Das Tuch eine Stunde färben in der Nachfarbe Zwiebelschalen (2. Färbung) oder im Sud von
- 50 g Kamillenblüten (1 Stunde ausgekocht).

Beigegelb

- 50 g Brennesselblätter (Brennesseltee) oder 100 g Rainfarn, je eine Stunde auskochen. Das Tuch eine Stunde färben.

Grünlichgelb

- 100 g Goldrute oder 100 g Erlenblätter, je eine Stunde auskochen. Das Tuch 1 Stunde färben.

Sandgelb

- 100 g Frauenmantel oder 100 g Himbeerblätter je 1 Std. auskochen. Das Tuch 1 Std. färben.

Grünfärbungen

Johanniskraut und rote Zwiebelschalen gehören zu den wenigen einheimischen Pflanzenteilen, aus denen sich ohne weitere Zusätze ein schöner Grünton färben läßt.

Gelbgrün

- Sud von 100 g Johanniskraut, eine Stunde köcheln. Das Tuch eine Stunde färben.

Warmes Goldgrün

- 40 g rote Zwiebelschalen 2 Std. auskochen. Das Tuch zwei Stunden köchelnd färben.

Grün entwickeln

Dunklere Grüntöne in verschiedenen Abstufungen lassen sich aus allen Gelbfärbungen entwickeln. Die Tücher werden zuerst gelb gefärbt (s. vorstehende Rezepte), dann wird der Farbsud mit Hilfe von Eisen(II)sulfat nuanciert, d.h. er wird durch diesen Zusatz in Grün verwandelt.

Eisen(II)sulfat braucht man nur in geringen Mengen. Meistens genügen 2 – 5 Gramm. Wenn man keine Briefwaage zur Hand hat, dann kann man davon ausgehen, daß eine Msp. zerstoßenes Eisen(II)sulfat etwa einem Gramm entspricht.

Nuancieren

Wenn das Nesseltuch gelb gefärbt ist (s.o.), zieht man den Topf vom Feuer, fischt das Tuch mit einem langen Löffel heraus und legt es vorübergehend in einen Eimer. Da während des Gelbfärbens einiges an Wasser verdampft ist, wird der Farbsud mit etwa einem halben Liter Wasser aufgefüllt.

Die im Rezept angegebene Menge Eisen(II)sulfat in einem eigenen Gefäß mit etwas heißem Wasser so gut wie möglich auflösen, durch ein Haarsieb in den Farbsud gießen und gut verrühren. Der Farbsud verwandelt sich augenblicklich in grün. Das gelbgefärbte Tuch einlegen und den Topf wieder auf die heiße Herdplatte schieben. Das Tuch, z.B. mit einem langen Löffel, ständig in Bewegung halten, damit es gleichmäßig Farbe annehmen kann.

Das Nuancieren darf nicht zu lange dauern, da das Grün sonst in Grau umschlägt. Es wird 5 bis 15, höchstens aber 20 Minuten nuanciert, bis der gewünschte Grünton erreicht ist. Das Tuch nur mit Gummihandschuhen berühren, um dunkle Ränder an den Händen zu vermeiden.

Olivgrün

- Goldgelb aus Zwiebelschalen, nuanciert mit 5 g Eisen(II)sulfat.

Helloliv

- Zitronengelb aus Zwiebelschalen oder Kamillenblüten, nuanciert mit 5 g Eisen(II)sulfat.

Moosgrün

- Beigegelb aus Brennessel oder aus Rainfarn, nuanciert mit 4 g Eisen(II)sulfat oder
- Sandgelb mit Frauenmantel oder Himbeerblättern, nuanciert mit 3 g Eisen(II)sulfat.

Dunkelgrün

- Grünlichgelb aus Goldrute oder aus Erlenblättern nuanciert mit 2 g Eisen(II)sulfat.

Rotfärbungen

Reines Rot ist ohne chemische oder tierische Zusätze (Cochenille – Läuse) auf Baumwolle nicht zu erreichen. Rottöne lassen sich mit den Farbhölzern Krapp oder Rotholz färben:

Tiefrosa

- 180 g Rotholz zwei Stunden im heißen Wasser köcheln, über Nacht stehen lassen, abseihen, gebeiztes feuchtes Tuch einlegen, zwei Stunden im heißen Farbbad ziehen lassen, herausnehmen und nachbehandeln. – Bügeln bei niedriger Temperatur.
  Farbsud aufheben, er läßt sich noch zum Nachfärben verwenden.

Dunkelviolett

- Farbsud von der ersten Rotholzfärbung auf 3 l aufgießen, gebeiztes feuchtes Tuch eine Stunde ziehen lassen, auswringen und kurz in ein Entwicklungsbad tauchen (3 l warmes Wasser mit 3 g aufgelöstem Eisen(II)sulfat gut verrührt), auswringen und nochmals in die Rotholzlösung legen. Das Tuch so lange darin bewegen, bis ein schöner Violetton erreicht ist, herausnehmen, nachbehandeln.

Braunrot

- 180 g Krapp zwei Stunden auf kleiner Flamme ziehen lassen. Den Sud über Nacht stehen lassen, abseihen. Gebeiztes feuchtes Tuch einlegen und zwei Stunden im heißen, nicht kochenden Farbsud färben – herausnehmen, nachbehandeln. – Bügeln nur auf Seide. Farbsud aufheben.

Orangegelb

– Orangegelb in verschiedenen Tönen erhält man, wenn man ein gelbgefärbtes Tuch (z.B. aus der ersten oder zweiten Färbung Zwiebelschalen) mit dem Farbsud von Krapp überfärbt.

Flieder

– 250 g Blaubeeren oder Holunderbeeren zwei bis drei Stunden in Wasser köcheln lassen, Sud über Nacht stehen lassen, abgießen, gebeiztes feuchtes Tuch einlegen, Farbsud zum Kochen bringen, eine Stunde köchelnd färben, das Tuch in der Farblösung auskühlen lassen – nachbehandeln. Diese Farbe ist nicht lichtecht.

Braunfärbungen

Helle Brauntöne wie Beige, zartes Rotbraun und Ocker lassen sich sehr einfach färben. Für diese Farben brauchen die Tücher nicht gebeizt zu werden.

Um dunklere Töne wie Rehbraun, Rotbraun oder Dunkelbraun zu färben, braucht man Ausdauer und einige Erfahrung. Es sind mehrere Arbeitsgänge notwendig, bis man den gewünschten Farbton erreicht hat.

Beige

– 200 g Kakaoschalentee oder 200 g Kaffeebohnen zwei Stunden auskochen, über Nacht stehen lassen, Farbsud abgießen, auf jeweils 3 l ergänzen, ungebeiztes, angefeuchtetes Tuch einlegen, eine Stunde köchelnd färben, im Farbsud erkalten lassen – nachbehandeln.

Ocker

– 250 g einfachen, kleinblättrigen Schwarztee zwei Stunden auskochen, über Nacht stehen lassen, Farbsud abgießen, auf 3 l ergänzen, ungebeiztes, angefeuchtetes Tuch einlegen, eine Stunde köchelnd färben – nachbehandeln.

Zartes Rotbraun

– 200 g Eichenrinde über Nacht oder einige Tage einweichen, 2 Std. in reichlich Wasser auskochen, über Nacht stehen lassen, abgießen, Farbsud mit Wasser auf etwa 3 l ergänzen. Ungebeiztes, angefeuchtetes Tuch einlegen, zum Kochen bringen und etwa zwei Stunden köchelnd färben, im Farbsud erkalten lassen, nachbehandeln.

Warmes Mittelbraun

– mit Rainfarn moosgrün gefärbtes Tuch einige Stunden in Pottaschenlauge legen (30 g Pottasche in 3 l warmem Wasser aufgelöst).

Nußbraun

– 150 g getrocknete grüne Walnußschalen zwei Stunden auskochen, über Nacht stehen lassen, abseihen. Gebeiztes feuchtes Tuch einlegen, zwei Stunden köchelnd färben, im Farbsud erkalten lassen und nachbehandeln.

Dunkelbraun

– 100 g Eichenrinde über Nacht oder einige Tage einweichen, zwei Stunden in reichlich Wasser auskochen, über Nacht stehen lassen, abgießen, Farbsud mit Wasser auf etwa 3 l ergänzen. Gebeiztes feuchtes Tuch etwa eine Stunde köchelnd färben, herausnehmen. 2 g Eisen(II)sulfat in etwas warmem Wasser gut auflösen, durch ein Sieb in den Farbsud gießen und gut verrühren. Das Tuch für etwa 5 Minuten einlegen. Es verfärbt sich nun in ein dunkles Grau. Dieses verwandelt sich in Dunkelbraun, wenn man das ausgewrungene Tuch 3 – 12 Stunden (über Nacht) in Pottaschenlösung legt (30 g Pottasche in 3 l Wasser aufgelöst). Das braune Tuch herausnehmen und nachbehandeln.

Blaufärbungen

Ein reines Blau kann man allein aus Pflanzenfarben nicht färben. Wenn man das Blau der Pflanzenfarbe Indigo auf Stoff übertragen will, ist man auf einige sehr giftige Chemikalien angewiesen. Aus diesem Grunde wird die Indigofärbung hier nicht erwähnt.

Für Puppenspiele braucht man Blau nur, um einen Bach oder einen See darzustellen. Für diesen Zweck kann man mit einem Taubenblau auskommen, das sich sehr einfach mit getrockneten dunklen Stockrosenblüten färben läßt. Der zubereitete Farbsud muß entsprechend dem Rezept gleich verwendet werden, da der herausgelöste Farbstoff bei längerem Stehen in Grau umschlägt.

Taubenblau

- 30 g dunkle Stockrose mit kochendem Wasser übergießen, fünf Minuten ziehen lassen, abgießen, die Flüssigkeit auf 3 l ergänzen. Ungebeiztes feuchtes Tuch einlegen und etwa fünf Minuten im Farbbad bewegen, mit klarem Wasser nachspülen. Dieser Farbsud reicht für ein großes Spieltuch. Für ein Bächlein oder einen See genügt es, ein kleineres Tüchlein zu färben – etwa 50/140 cm. Man braucht dafür 15 g Stockrose auf 1,5 l Wasser. Die Farbe ist nicht lichtecht.

16 Märchen und Geschichten für Puppenspiele

Das kleine Häslein

- Häslein
- Schmiedel
- Landschaft
- Zaun
- Wald
- See
- Bär
- Fuchs
- Wolf
- «Teer» und «Blätter»
- Bühnenhintergrund

Spielaufbau

Bühnenhintergrund vorbereiten (siehe Seite 41), Spieltücher locker zu einer Landschaft auslegen, See (siehe Seite 47). Auf einer Seite steht Schmiedels Haus. Der Zaun davor kann z.B. aus Stecken gefertigt werden, oder man stellt dafür einfach einige Spielklötzchen nebeneinander. Vor dem Schlupfloch ist in einer Falte des Spieltuches etwas schwarze Märchenwolle als Teer vorbereitet.

Es wird ein kleiner Wald aufgebaut (siehe Seite 52/53). Mit etwas brauner Märchenwolle, die neben den Bäumen bereitliegt, kann man die Blätter darstellen, in denen sich das Häschen nachher wälzen wird. Zu Spielbeginn sitzt das Häslein im Wald. Der Schmiedel ist noch im Haus. Bär, Fuchs und Wolf warten hinter dem Bühnenhintergrund auf ihren Auftritt.
Eine Märchenwolke (siehe S. 60) kann das Spiel abdecken.

Das kleine Häslein will hüpfen und schaun,
da findet's ein Schlupfloch im Gartenzaun.
Flink schlüpft es in Schmiedels Garten hinein.
In Schmiedels Garten, da duftet's so fein.
Der Schmiedel hat den besten Kohl,
der schmeckt dem Häslein gar so wohl.

Oh weh, schon kommt der Schmiedel dort.
Flink hüpft das kleine Häslein fort.

Der Schmiedel sagt: «Der Kohl ist mein.
In meinen Garten darf keiner hinein,
und mit dem Pinsel – strich, strich, strich,
streicht er mit Teer das Schlupfloch frisch.

Das Häslein kommt wieder am nächsten Tag,
weil's Schmiedel's Kohl so gerne mag.

Was ist nur mit dem Schlupfloch geschehn?
Es ist heut so mühsam, hindurch zu gehn.
Häsleins Fellchen wird schwarz vom Teer.
Jetzt klebt es, und es juckt so sehr.

Das kleine Häslein schüttelt sein Fell,
dann hüpft es in den Wald ganz schnell.
Da kugelt sich's auf dem Boden herum.
Es wälzt sich im Laub dort um und um.

Ach – schaut nur Häsleins Fellchen an,
so viele Blätter kleben daran.
Nun sieht es aus wie ein fremdes Tier,
Keiner kennt es im Walde hier.

Das Häslein hoppelt durch den Wald.
Es begegnet dort dem Bären bald.

Der Bär, der tapst im Wald herum.
Er schaut sich hier und da noch um.
«Ein fremdes Tier – wer kann das sein?
Da geh ich lieber tief in den Wald hinein.»

Abb. 61

Das Häslein hüpft weiter durch den Wald.
Es begegnet dort dem Fuchse bald.
Der Fuchs schleicht auf leisen Sohlen herum.
Da ist ein Geräusch – er guckt sich um.
«Ein wildes Tier – wer kann das sein?
Da geh ich lieber in meine Höhle hinein.»

Das Häslein hüpft weiter durch den Wald.
Da trifft es dann den Wolf schon bald.

Der Wolf steht da und guckt sich um:
«Nanu», denkt er, «wer läuft hier herum?
So ein wildes Tier hab ich nie gesehn.
Will lieber hinter den Baum dort gehn.»

Das Häslein kann das gar nicht verstehn.
Warum will denn keines der Tiere mich sehn?
So hüpft das Häslein hinaus aus dem Wald,
da trifft es die Ente Panente bald.

«Ach Häslein», ruft sie, «was hast du getan?
Du hast ja ein Kleid voller Blätter an.
Halt still, ich zupf dir die Blätter ab,
dann wasch ich dir den Teer noch ab.»

Jetzt watschelt die Ente zum See hinunter,
das Häslein hüpft hinterher ganz munter.
Dann wäscht ihm die Ente das Fellchen rein.
Ein sauberes Fellchen, ja – das ist fein.

Das Häslein sieht wieder wie früher aus.
Es freut sich und hüpft in den Wald hinaus.

Spielführung

Möglichst ruhig spielen und sprechen. Das Spiel hat keine Eile. Die Kinder haben dann die Möglichkeit, sich mit den einzelnen Bildern zu verbinden.

Die Märchenwolke wird beiseite geschoben. Nun hüpft zuerst das kleine Häslein. Es macht einige Sätze, dann schlüpft es durch Schmiedels Zaun. Da kann man es eine Weile sitzen lassen. Der Schmiedel kommt aus dem Haus, und das Häslein hüpft davon. Das Schlupfloch wird mit Teer bestrichen – da genügt es, wenn der Schmiedel, vorgebeugt, einige Bewegungen macht. Wenn Häsleins Fellchen schwarz von Teer wird, zieht man ihm mit einer Hand die vorbereitete schwarze Märchenwolle über. Wenn es sich im Wald in den Blättern wälzt, wird über den Teer noch die bereitliegende braune Märchenwolle gelegt. So hüpft das Häslein weiter. Nacheinander tauchen Bär, Fuchs und Wolf auf und verschwinden wieder. Schließlich kommt die Ente Panente und hilft dem Häslein. Die braune und die schwarze Märchenwolle werden wieder abgezupft. Das Häslein hüpft zurück in den Wald. – Die Märchenwolke wird wieder über das Spiel gelegt.

Vor Beginn des Spieles und auch am Ende kann etwas Musik gespielt werden.

Vom Bitschgerl

Vorbereiten

– Mutter
– Bitschgerl
– Hündlein
– Stöcklein
– Feuer
– Wasser
– Öchslein
– Metzger
– Mutter-Haus
– Metzger-Haus

Spielaufbau

Mit farbigen Tüchern wird eine Landschaft gestaltet. Auf einer Seite der Spielebene steht das Mutter-Haus, auf der anderen Seite steht das Metzger-Haus (Haus siehe S. 43).

Mehr im Vordergrund befindet sich die Weinranke. Dafür kann man eine echte Pflanzenranke wie z.B. Efeu verwenden.

Das Feuer kann aus kleinen Strängen von roter und gelber Märchenwolle zu einem lodernden Gebilde zurechtgezupft und von einem Kreis von Steinen gehütet sein.

Als Wasser dient ein kleines blaues Tüchlein .

Wenn das Spiel beginnt, steht das Bitschgerl bereits vor dem Haus. Das Stöckchen, das Wasser und das Feuer sind schon vorbereitet. Der Metzger ist noch im Haus. Hündchen und Öchslein warten hinter den Häusern auf ihren Auftritt.

Das Bitschgerl spielt vergnügt vorm Haus.
Da kommt die Mutter zur Tür heraus:

«Komm, wir wolln ins Weingärtlein gehn
und dort nach den Reben sehn.»

Das Bitschgerl geht gern ins Weingärtlein.
Dort gibt es Trauben süß und fein.
Die süßen Trauben, die schmecken ihm sehr.
Das Bitschgerl nascht davon – mehr und mehr.

Die Mutter bindet die Reben an.
Am Abend, als alle Arbeit getan,
ruft sie das Bitschgerl: «Wir müssen nach Haus.
Komm nun aus dem Weingärtlein heraus.»

Das Bitschgerl aber bleibt einfach stehn:
«Ich kann nicht allein nach Hause gehn.
Hab so viel gegessen, mein Bäuchlein ist schwer.
Trag mich Mutter, ich kann nicht mehr.»

Die Mutter läßt sich darauf nicht ein.
Sie geht nach Hause, ganz allein.

Da schickt die Mutter das Hündlein fort:
«Hündlein, lauf ins Weingärtlein dort!
Dort ist das Bitschgerl, beiß es ins Bein!
Das Bitschgerl kommt nicht nach Haus allein.»

«Ich bleibe hier, wo ich jetzt bin!
Ich laufe nicht zum Bitschgerl hin.»

Da schickt die Mutter das Stöcklein fort:
«Stöcklein, lauf, schlag das Hündlein dort!
Das Hündlein beißt's Bitschgerl nicht ins Bein
und's Bitschgerl kommt nicht nach Haus allein.»

«Ich bleibe hier, wo ich jetzt bin.
Ich laufe nicht zum Hündlein hin.»

Da schickt die Mutter das Feuer fort:
«Feuer, lauf! Brenn' das Stöcklein dort!
Das Stöcklein schlägt nicht das Hündlein.
Das Hündlein beißt's Bitschgerl nicht ins Bein,
und's Bitschgerl kommt nicht nach Haus allein.»

Abb. 62

«Ich bleibe hier, wo ich jetzt bin.
Ich laufe nicht zum Stöcklein hin.»

Da schickt die Mutter das Wasser fort:
«Wasser, lauf! Lösch das Feuer dort!
Das Feuer brennt das Stöcklein nicht.
Das Stöcklein schlägt das Hündlein nicht.
Das Hündlein beißt's Bitschgerl nicht ins Bein,
und's Bitschgerl kommt nicht nach Haus allein.»

«Ich bleibe hier, wo ich jetzt bin.
Ich laufe nicht zum Feuer hin!»

Da schickt die Mutter das Öchslein fort:
«Öchslein, lauf! Trink das Wasser dort!
Das Wasser löscht das Feuer nicht.
Das Feuer brennt das Stöcklein nicht.
Das Stöcklein schlägt das Hündlein nicht.
Das Hündlein beißt's Bitschgerl nicht ins Bein,
und's Bitschgerl kommt nicht nach Haus allein.»

«Ich bleibe hier, wo ich jetzt bin.
Ich laufe nicht zum Wasser hin.»

Da schickt die Mutter den Metzger fort:
«Metzger lauf! Hol dein Beil hervor
und schlachte das Öchslein vor dem Tor.
Das Öchslein trinkt das Wasser nicht.
Das Wasser löscht das Feuer nicht.
Das Feuer brennt das Stöcklein nicht.
Das Stöcklein schlägt das Hündlein nicht.
Das Hündlein beißt's Bitschgerl nicht ins Bein,
und's Bitschgerl kommt nicht nach Haus allein.»

Da holt der Metzger sein Beil heraus,
und die Mutter geht ins Haus. –

Der Metzger kommt bei dem Ochsen an,
und der Ochse läuft fort, so schnell er kann.

Bald kommt er bei dem Wasser an,
und das Wasser eilt fort, so schnell es kann.

Bald kommt es bei dem Feuer an,
und das Feuer eilt fort, so schnell es kann.

Bald kommt es bei dem Stöckchen an,
und das Stöckchen eilt fort, so schnell es kann.

Bald kommt es bei dem Hündlein an,
und das Hündlein eilt fort, so schnell es kann.

Es läuft bis zu dem Weingärtlein
und wedelt mit dem Schwänzelein.

«Bitschgerl», ruft's, «geh nach Haus allein!
Eil dich! Sonst beiß ich dich ins Bein!»

Da geht das Bitschgerl aus dem Gärtlein heraus,
und läuft ganz allein zur Mutter nach Haus.

Spielführung

Das Bitschgerl wird vor dem Haus ein wenig bewegt: es spielt. Dann kann man es kurz abstellen. Die Mutter kommt aus dem Haus und wird mit dem Bitschgerl ins Weingärtlein geführt. Das Bitschgerl kann bei der Weinranke bleiben, die Mutter kann ein wenig bewegt werden, wenn sie die Reben hochbindet.

Danach wird sie zurück zum Haus geführt. Nun sucht sie nacheinander verschiedene Helfer auf. Zuletzt gelangt die Mutter zum Metzger-Haus. Da kommt der Metzger zur Türe heraus. Alle Figuren und auch Stöcklein, Feuer, Wasser werden leicht bewegt, solange von ihnen die Rede ist, dann werden sie wieder abgesetzt.

Zuletzt geht das Bitschgerl alleine nach Haus.

Abb. 63

Von dem kleinen Miezekätzchen

Vorbereiten

- kleines Kätzchen
- großes Kätzchen
- Milchschüssel
- Hähnchen
- Häslein
- Schäflein
- Haus
- Bäuerin
- kleiner Krug

Aus Spieltüchern eine Landschaft aufbauen. Nach Belieben mit Bäumen etc. ausgestalten. Auf einer Seite der Spielebene steht das Haus. Davor steht Kätzchens Milchschüssel.
In dem Haus stehen die Bäuerin und ein Krüglein bereit.
Das Hähnchen, das Häslein und das Schäflein stehen schon da, wenn das Spiel beginnt.
Die große Katze ist noch nicht zu sehen. Sie wartet hinter dem Haus, bis ihr Auftritt kommt.

Es war ein junges Miezekätzchen
mit silberweißen Tatze-Tätzchen.
Das wollte gern spazieren gehn
und sich die schöne Welt ansehn.
Den Weg entlang, und durch das Gras
hei, hei, hei, wie schön ist das!

So war das Kätzchen lange aus.
Am Abend kehrt's zurück nach Haus.
Denn Miezekätzchen hungert sehr!
Oh weh, sein Bäuchlein, das ist leer.
Gleich springt's zu seiner Schüssel hin.
Oh je, kein Tröpfchen Milch ist drin.
Gibt es heute nichts zum Fressen?
Hat's gar die Bäuerin vergessen?

Es läuft zum Hähnchen, das pickt und peckt.

Miezekätzchen:
«Was ist es, was dir so gut schmeckt?»

Hähnchen:
«Ich habe goldene Körnerlein.
Nimm auch davon, die schmecken fein!»

Das Kätzchen macht ein langes Gesicht:
Körner! – Nein, die mag es nicht!
Es läuft zum Häschen, das nascht und leckt.

Miezekätzchen:
«Was ist es, was dir so gut schmeckt?»

Häschen:
«Hab frischen Klee, den mag ich sehr!
Nimm auch davon! – Komm, setz dich her!»

Das Kätzchen macht ein langes Gesicht:
Frischen Klee, den mag es nicht!
Es läuft zum Schäflein, das schmatzt und schleckt.

Miezekätzchen:
«Was ist es, was dir so gut schmeckt?»

Schäflein:
«Ich habe frisches gemähtes Gras.
Nimm auch davon! – Hm, gut schmeckt das!»

Das Kätzchen macht ein langes Gesicht:
Frisches Gras, das mag es nicht!
Das Miezekätzchen heult so sehr. –
Da kommt die große Katz' daher:

«Miezekätzchen, sage an,
hat jemand dir ein Leid getan?»

Da klagt das junge Miezekätzchen
mit silberweißen Tatze-Tätzchen:
«Alle haben was zu essen,
nur ich, ich wurde ganz vergessen.»

Abb. 64

«Komm, du sollst nicht länger murren.
Wir gehn zur Bäuerin hin und schnurren.»

«Miau, miau», macht's vor dem Haus.
Die Bäuerin kommt zur Tür heraus.
Da streichen die zwei um die Bäuerin herum.
Sie maunzen und schnurren um und um.

Die Bäuerin ruft die Kätzlein her:
«Ich sehe doch, euch hungert sehr.
Schaut, ihr sollt nun auch was haben.
Dürft an der frischen Milch euch laben!»

Frische Milch, ei, die wird schmecken!
Seht nur, wie die beiden schlecken.
Sie wackeln mit ihren Schwänzelein
und schlafen bald zufrieden ein.

Spielführung

Es wird möglichst ruhig gespielt. Das kleine Kätzchen hat keine Eile. Es freut sich an der schönen Welt. Es bewegt sich auf Sammetpfötchen und zappelt nicht aufgeregt hin und her, auch dann nicht, wenn es die verschiedenen Tiere aufsucht.
Mit einer Hand wird das Kätzchen zu der Milchschüssel und dann zu den anderen Tieren geführt: Nacheinander werden mit der anderen Hand das Hähnchen, das Häschen und das Schäflein bewegt, wenn sie mit dem Kätzchen sprechen.
Dann kommt die große Katze hervor. Mit beiden Händen werden die Katzen zur Bäuerin geführt und vor dem Haus abgestellt. Die Bäuerin wird mit dem Krug herausgeführt. Sie gießt den Katzen – natürlich symbolisch – Milch in die Schüssel.
Zum Schluß, wenn die beiden Katzen schlafen, wird behutsam ein Spieltuch über alles gedeckt.

Hühnlein, Entlein und Gänslein

Vorbereiten

- Hühnlein
- Entlein
- Gänslein
- Spiellandschaft
- drei Spielhölzchen
- eine Kornähre
- Drescher
- Müller
- Bäcker
- Brotwecklein
- Tisch

Spielaufbau

Spiellandschaft aus Spieltüchern vorbereiten. Im Hintergrund sind drei Häuser. Drescher, Müller und Bäcker warten in ihren Häusern, bis das Hühnlein zu ihnen kommt. Beim Bäcker wird ein kleines goldgelbes Brotwecklein – z.B. aus Knetwachs bereitgelegt.
Hühnlein, Entlein und Gänslein sind schon da, wenn das Spiel anfängt. Damit sie auch von der Zuschauerseite aus gut zu sehen sind, wenn sie nicht bewegt werden, kann man sie auf Erhöhungen absetzen. Als Erhöhungen eignen sich z.B. Spielhölzchen oder kleine runde Astscheiben.
Der Tisch, an dem zum Schluß gegessen wird, kann aus kleinen Baumscheiben gebildet werden.
In einer der Falten des Spieltuches liegt die Weizenähre vorbereitet, die das Hühnlein beim Scharren finden wird. Wenn möglich, verwendet man eine echte Weizenähre, oder man befestigt dafür an einem Stück Draht goldgelbe Märchenwolle, Knetwachs oder Papier.

Abb. 64 a

Entlein und Gänslein spazieren zu zwein,
das Hühnlein läuft hinter den beiden drein.
Es scharrt auf dem Boden und kann nicht ruhn.
Den ganzen Tag hat es zu tun.

Plötzlich ruft das Hühnlein ganz froh:
«Eine Weizenähre liegt hier im Stroh!»

Da freuen sich Ente und Gänselein:
«Eine Weizenähre …?» – «Hm, die schmeckt fein!»

Doch das Hühnlein sagt zu den zwein:
«Die Ähre muß erst gedroschen sein.
Wer bringt nun die Ähre zum Drescher hinaus?
Dort drüben steht des Dreschers Haus.»

Das Entlein quakt: «Ich hab keine Zeit»,
und Gänslein zischt: «Mir ist der Weg zu weit.»

Da nimmt Hühnlein die Ähre und geht damit fort.
Bald schon ist es beim Drescher dort.
Der Drescher drischt die Ähre aus,
und Hühnlein bringt die Körner nach Haus.

Gleich kommen Ente und Gänslein herbei:
– «Ei Hühnlein, du hast ja Körner dabei!»
– «Wir warten auf dich so lange schon.
Hühnlein, nun gib uns auch davon.»

Doch das Hühnlein sagt zu den zwein:
«Die Körner müssen erst gemahlen sein.
Wer bringt die Körner zum Müller hinaus?
Dort drüben steht des Müllers Haus.»

Das Entlein quakt: «Ich hab keine Zeit»,
und Gänslein zischt: «Mir ist der Weg zu weit.»

Da nimmt Hühnlein die Körner und geht damit fort.
Bald schon ist es beim Müller dort.
Der Müller mahlt die Körner aus,
und Hühnlein bringt das Mehl nach Haus.

Gleich kommen Ente und Gänslein herbei:
– «Ei Hühnlein, du hast ja Mehl dabei!»
– «Wir warten auf dich so lange schon.
Hühnlein, nun gib uns auch davon!»

Doch das Hühnlein sagt zu den zwein:
«Das Mehl muß erst geknetet sein,
Wer bringt nun das Mehl zum Bäcker hinaus?
Dort drüben steht des Bäckers Haus.»

Das Entlein quakt: «Ich hab keine Zeit»,
und Gänslein zischt: «Mir ist der Weg zu weit.»

Da nimmt Hühnlein das Mehl und geht damit fort.
Bald schon ist es beim Bäcker dort.
Der Bäcker bäckt ein Brotwecklein draus,
und Hühnlein trägt das Wecklein nach Haus.

Gleich kommen Ente und Gänslein herbei.
– «Ei Hühnlein, du hast ja ein Wecklein dabei.»
– «Wir warten auf dich so lange schon,
Hühnlein, nun gib uns auch davon.»

Doch das Hühnlein sagt zu den zwein:
«Der Tisch muß erst noch gedeckt sein.
Wer trägt denn nun die Teller herein?»

Das Entlein quakt: «Ich kann das nicht recht»,
und Gänslein zischt: «Ich bin doch kein Knecht.»

Da holt das Hühnlein die Teller sodann,
und es fängt mit dem Tischdecken an.

Gleich kommen Ente und Gänselein:
– «Gedeckt ist der Tisch? – Hm, das ist fein!»
– «Wie duftet das Brotwecklein herrlich und frisch.
Da setzen wir uns mit Freuden zu Tisch.»
– «Wir warten nun so lange schon,
nun aber wollen wir essen davon!»

Das Hühnlein fragt: «Wie soll denn das gehn?
Beim Arbeiten hab ich euch nicht gesehn!
Das Helfen, das war euch ganz einerlei,
und nun beim Essen, da seid ihr dabei?

Aber – das habt ihr vielleicht nicht gedacht:
Das Arbeiten hat mir Spaß gemacht.
Drum lad ich euch als meine Gäste ein:
Wir teiln miteinander das Brotwecklein.»

Da freuen sich Ente und Gänselein.
«Das Wecklein teilen?» – «Hm, das ist fein!»
So halten die drei einen fröhlichen Schmaus
und nun ist die Geschichte aus.

Spielführung

Zuerst spazieren Entlein und Gänslein hin und her – sie werden immer auf den Erhöhungen abgestellt, wenn das Hühnlein spricht oder sich bewegt.

Das Hühnlein hat einiges zu tun, und das braucht Zeit. Es wird langsam gespielt. Das Hühnchen und die Ähre läßt sich mit einer Hand zum Drescher führen. Dort wird es abgestellt. Des Dreschers Haus wird geöffnet und der Drescher kommt heraus. Er wird ein wenig bewegt, wenn er drischt. Die Ähre verschwindet wieder unter einer Spieltuchfalte, so daß sie von der Zuschauerseite aus nicht mehr zu sehen ist. Der Drescher kehrt ins Haus zurück.

Wenn das Hühnchen später zum Müller und zum Bäcker kommt, wird es ebenfalls kurz abgestellt. Müller und Bäcker werden aus ihren Häusern herausgeholt und ein wenig bewegt, wenn sie mahlen und backen, dann kehren sie in ihre Häuser zurück.

Es genügt, Körner und Mehl und auch die Teller für den Tisch symbolisch darzustellen. Man kann aber z.B. auch aus etwas Stoff oder Papier kleine Säckchen für Körner und Mehl vorbereiten und als Teller für den Tisch z.B. kleinere Baumblätter oder Puppenteller verwenden.

Brummelhänschen und Stummelschwänzchen

Vorbereiten

– Kleiner Bär
– Großer Bär
– Hase
– Wald
– Bühnenhintergrund

Spielaufbau

Aus Spieltüchern eine Landschaft mit Bühnenhintergrund und Wald aufbauen.
Zu Spielbeginn sind Brummelhänschen, der kleine Bär und Stummelschwänzchen, der große Bär schon auf der Spielfläche. Hinter dem Bühnenhintergrund wartet das Häschen.

Brummelhänschen ist ein kleiner Bär.
Der tapst vergnügt im Wald umher.
Da spielt er gern. Da ist es schön!
Im Walde gibt es so viel zu sehn.

Doch Mutterbär sagt: «Wir bleiben nicht hier,
Brummelhänschen komm mit mir.
Wir müssen endlich weiterziehn,
dorthin, wo die anderen Bären sind.
Nun komm schon, komm! Ich gehe voran,
und du mein Lieber, du folgst mir dann!»

Voraus geht also Mutter Bär,
der Kleine zottelt hinterher.
Da werden ihm die Beine gar schwer.
Ach, Brummelhänschen kann nicht mehr!

Er wimmert leise. Jetzt bleibt er stehn.
Die Mutter ist längst nicht mehr zu sehn.
Brummelhänschen bleibt zurück allein.
Er ist so müde. – Er schläft gleich ein.

Am Morgen ist Brummelhänschen aufgewacht.
«Wo bin ich denn?» hat es gedacht.
Und wie da so hell die Sonne lacht,
ist auch Stummelschwänzchen erwacht.
Da hüpft er schon, der kleine Hase.
Er kitzelt das Bärlein an der Nase.

Ja, da hat Brummelhänschen gelacht,
und mit dem Häschen ein Tänzchen gemacht.
Seht nur, sie drehen sich ringsherum.
Hui, pardauz, da fallen sie um.

Das ist lustig! Das ist fein!
Die beiden wollen Freunde sein.
Sie spielen vergnügt im Wald umher,
ja das gefällt den beiden sehr.

Da brummt es auf einmal:
«Brumm, brumm, brumm!»
Das Häschen erschrickt. Es dreht sich um.

Die alte Bärenmutter steht da:
«Ach Brummelhänschen, da bist du ja!
Überall schon such ich nach dir.
Mein lieber Kleiner, komm mit mir!»

Mutterbär stupst das Bärlein an,
und Brummelhänschen geht nun voran.
Doch immer wieder bleibt es stehn.
Es will sich nach dem Häschen umsehn.

Bald sieht es seinen Freund nicht mehr.
Jetzt weint das Brummelhänschen sehr.

Mutterbär fragt: «Was hast du denn?»
«Ich will zurück zu Stummmelschwänzchen gehn.
Mit Stummelschwänzchen, da war es so schön!»

Da hat Mutterbär nachgedacht:
«Brummelhänschen, jetzt ist es bald Nacht,
Laß uns morgen nach dem Häslein sehn,
Vielleicht hat es Lust, mit uns zu gehn.»

Das hört er gern, der kleine Bär.
Er hüpft vor Freude hin und her.
Er kuschelt sich neben der Mutter ein
und schläft dann bald zufrieden ein.

Da raschelt etwas. – Was kann das sein?
Es ist Stummelschwänzchen, der kleine Hase.
Der kitzelt ein wenig an Bärleins Nase.
Da ist Brummelhänschen aufgewacht.
Ja, da hat Brummelhänschen gelacht
und mit Stummelschwänzchen ein Tänzchen gemacht.

Sie drehen sich immerzu ringsherum.
Hui, pardauz, da fallen sie um.
Dann spielen sie im Wald umher.
Hei, das gefällt den beiden sehr.

Mutterbär will weiterziehn:
«Stummelschwänzchen, magst du mit uns gehn?»

Ja – Stummelchwänzchen kommt gerne mit.
Und nun gehen sie zu dritt.

Da wandern sie – über Stock und Stein.
Bald werden sie bei den anderen Bären sein.

Spielführung

Bei den Bären im Walde geht es gemächlich zu. Die Bären werden nur wenig bewegt, wenn sie miteinander sprechen. Die Bärenmutter trottet nun allmählich voraus. Sie wird hinter den Bühnenhintergrund geführt.
Wenn der kleine Bär schläft, legt man ihn ein

Abb. 65

Grumelchen dreht sich, Grumelchen geht,
bis es vor dem Bäcker steht.

Grumelchen:
«Bäcker, ich brauch' ein Wecklein von dir.»

Bäcker:
«Bring' mir Teig, dann back' ich es dir.»

Grumelchen:
«Wo nehme ich den Teig nur her?»

Bäcker:
«Frage den Backtrog! Der Backtrog weiß mehr.»

Grumelchen dreht sich, Grumelchen geht,
bis es vor dem Backtrog steht.

Grumelchen:
«Backtrog, ich brauche Teig von dir.»

Backtrog:
«Bring' mir Mehl, dann knet' ich ihn dir!»

Grumelchen:
«Wo nehme ich das Mehl nur her?»

Backtrog:
«Frage die Mühle! Die Mühle weiß mehr.»

Grumelchen dreht sich, Grumelchen geht,
bis es vor der Mühle steht.

Grumelchen:
«Mühle, ich brauche Mehl von dir.»

Mühle:
«Bring' mir Korn, dann mahl' ich es dir.»

Grumelchen:
«Wo nehme ich das Korn nur her?»

Mühle:
«Frage das Feld! Das Feld weiß mehr.»

Grumelchen dreht sich, Grumelchen geht,
bis es vor dem Felde steht.

Grumelchen:
«Feld, ich brauche Korn von dir.»

Feld:
«Bring' mir Mist, dann geb' ich's dir.»

Grumelchen:
«Wo nehme ich den Mist nur her?»

Feld:
«Frage das Schweinchen! Das Schweinchen weiß mehr.»

Grumelchen dreht sich, Grumelchen geht,
bis es vor dem Schweinchen steht.

Grumelchen:
«Schweinchen, ich brauche Mist von dir.»

Schweinchen:
«Bring' mir Eicheln! – Dann geb ich ihn dir.»

Grumelchen:
«Wo nehme ich die Eicheln nur her?»

Schwein:
«Frage die Eiche. – Die Eiche weiß mehr.»

Grumelchen dreht sich, Grumelchen geht,
bis es vor der Eiche steht.

Grumelchen:
«Eiche, ich brauche Eicheln von dir.»

Eiche:
«Bring' mir Wind, dann schüttle ich sie dir.»

Grumelchen:
«Wo nehme ich den Wind nur her?»

Eiche:
«Dort oben auf dem Berg bläst er!»

Grumelchen dreht sich, Grumelchen geht,
bis es auf dem Berge steht.
Dann öffnet es sein Schürzchen geschwind
und fängt ihn ein, den frischen Wind.

Mit dem Wind eilt Grumelchen zur Eiche hinab.
Die Eiche wirft ihm nun Eicheln herab.

Mit den Eicheln kommt Grumelchen beim
Schweinchen an.
Das Schweinchen gibt ihm Mist sodann.

Mit dem Mist kommt Grumelchen beim Felde an.
Das Feld gibt ihm das Korn sodann.

Mit dem Korn kommt Grumelchen bei der
Mühle an.
Die Mühle gibt ihm das Mehl sodann.

Mit dem Mehl kommt Grumelchen beim
Backtrog an.
Der Backtrog gibt ihm den Teig sodann.

Mit dem Teig kommt Grumelchen beim Bäcker an.
Der bäckt ihm daraus ein Brotwecklein dann.

Grumelchen dreht sich, Grumelchen geht,
bis es vor dem Spitzbub steht:

Grumelchen:
«Jetzt brauchst du nicht mehr hungrig sein.
Schau hier hast du ein Brotwecklein!»

Spitzbub:
«Du hast mir wirklich ein Wecklein gebracht?
Hm, das hast du gut gemacht!
Grumelchen, ich danke dir.
Jetzt bekommst du dein Hütlein von mir.»

Spielführung

Zu Spielbeginn steht Grumelchen am Gartenzaun. Da wird der Spitzbub aus dem Hintergrund herbeigeführt. Er nimmt Grumelchens Hütchen und setzt es auf.

Bei diesem Spiel können die Gegenstände ebenso sprechen wie die Figuren. Sie werden ein wenig bewegt, wenn sie etwas zu sagen haben. Wenn die Mühle spricht, werden ihre Flügel leicht gedreht.

Die Gegenstände, die Grumelchen holt und bringt, können symbolisch dargestellt werden.

Abb. 67

Hühnchen und Hähnchen

Vorbereiten

- Landschaft
- Baum
- Nuß
- Wald
- Hühnchen
- Hähnchen
- Schafbock
- Schweinchen
- Öchslein
- Öchsleins Haus
- Schnee
- Bühnenhintergrund

Spielaufbau

Aus Spieltüchern eine Landschaft mit Baum und Wald aufbauen. Neben dem Baum ist eine Nuß vorbereitet. Hühnchen und Hähnchen sind schon auf der Bühne. Schafbock, Schweinchen und Öchslein treten erst später auf. Sie warten im Bühnenhintergrund.

Öchsleins Haus: Ein Henkelkorb wird innen mit einem großen Spieltuch ausgekleidet (evtl. mit einigen Stecknadeln etwas feststecken). Dieser Korb wird so auf die Spielfläche gelegt, daß die Öffnung erst noch von der Zuschauerseite abgewandt ist. Er wird mit einem weiteren Tuch abgedeckt.

Als Schnee ist im Bühnenhintergrund ein weißes Spieltuch vorbereitet.

(Abb. 68 und 69 stellen die linke und rechte Hälfte *einer* Landschaft dar.)

Unter dem Nußbaum, da ist es fein,
da wollen Hühnchen und Hähnchen gern sein.
Das Hühnchen scharrt auf dem Boden und pickt.
Doch hört nur, wie es auf einmal erschrickt:
Eine Nuß fällt herunter von dem Baum.
Sie trifft Hühnchens Kopf, ja man glaubt es kaum.

Das Hühnchen ruft: «Der Himmel fällt runter!
Komm mit, Hähnchen, lauf! – Die Welt geht unter.»

Da eilen die zwei. – Seht, wie sie laufen.
Sie haben keine Zeit zum Verschnaufen.
Im Herzen ist's ihnen angst und bang.

Da trippelt der Schafbock den Weg entlang.
Der Schafbock wundert sich und bleibt stehn.
Er fragt: «Wohin müßt ihr so eilig gehn?»

Das Hähnchen ruft: «Der Himmel fällt runter!
Komm mit Schafbock, lauf! – Die Welt geht unter.»

Da eilen die drei. – Seht, wie sie laufen.
Sie haben keine Zeit zum Verschnaufen.
Im Herzen ist's ihnen angst und bang.

Da geht das Schweinchen den Weg entlang.
Das Schweinchen wundert sich und bleibt stehn.
Es fragt: «Wohin müßt ihr so eilig gehn?»

Der Schafbock ruft: «Der Himmel fällt runter!
Komm mit, Schweinchen, lauf! – Die Welt geht unter.»

Da eilen die vier. – Seht, wie sie laufen.
Sie haben keine Zeit zum Verschnaufen.
Im Herzen ist's ihnen angst und bang.

Da läuft das Öchslein den Weg entlang.
Das Öchslein wundert sich und bleibt stehn.
Es fragt: «Wohin müßt ihr so eilig gehn?»

Das Schweinchen ruft: «Der Himmel fällt runter!
Komm mit Öchslein, lauf! – Die Welt geht unter.»

Da eilen die fünf. – Seht, wie sie laufen.
Sie haben keine Zeit zum Verschnaufen.
Sie kommen dann in einen großen Wald.
Jetzt ist es schon Herbst und es ist kalt.

Das Öchslein sagt nun zu den Tieren:
«Im Winter werden wir noch mehr frieren.
Kommt, wir baun ein Häuschen im Wald.
Im Häuschen ist es im Winter nicht kalt.»

Das Schweinchen sagt: «Ich brauche kein Haus!
Ich komme im Winter auch ohne aus.
Ich habe ein dickes borstiges Kleid.
Der Winter, der Winter, der ist noch weit.»

Der Schafbock sagt: «Ich brauche kein Haus!
Ich komme im Winter auch ohne aus.
Ich habe ein warmes, wollenes Kleid.
Der Winter, der Winter, der ist noch weit.»

Abb. 68

Das Hähnchen sagt: «Ich brauche kein Haus!
Ich komme im Winter auch ohne aus.
Ich habe ein bunt gefedertes Kleid.
Der Winter, der Winter, der ist noch weit.»

Das Hühnchen sagt: «Ich brauche kein Haus!
Ich komme im Winter auch ohne aus.
Ich habe ein weiß gefedertes Kleid.
Der Winter, der Winter, der ist noch weit.»

Da baut der Ochse sein Häuschen allein.
Im Häuschen ist es gemütlich und fein.

Bald kommt draußen Frost und Eis.
Der Boden ist vom Schnee ganz weiß. –
Wie ist es draußen bitterkalt.
Die Tiere frieren und bibbern im Wald.

Das Hühnchen mag nicht mehr draußen sein.
Es klopft an die Tür und will auch herein:
«Goldöchslein», bittet es, «laß mich ins Haus!
Ich halte die Kälte nicht länger aus.»

Das Öchslein schaut aus der Türe und spricht:
«Ein Häuschen bauen wolltest du nicht,
und jetzt willst du ohne Mühe herein? –
Nun komm, es wird schon noch Platz für dich sein!»

Das Hähnchen mag nicht mehr draußen sein.
Es klopft an die Tür und will auch herein:
«Goldöchslein», bittet es, «laß mich ins Haus!
Ich halte die Kälte nicht länger aus.»

Das Öchslein schaut aus der Türe und spricht:
«Ein Häuschen bauen wolltest du nicht,
und jetzt willst du ohne Mühe hinein? –
Nun komm, es wird schon noch Platz für dich sein!»

Der Schafbock mag nicht länger draußen sein.
Er klopft an die Tür und will auch herein:
«Goldöchslein», bittet er, «laß mich ins Haus!
Ich halte die Kälte nicht länger aus.»

Das Öchslein schaut aus der Türe und spricht:
«Ein Häuschen bauen wolltest du nicht,
und jetzt willst du ohne Mühe herein? –
Nun komm, es wird schon noch Platz für dich sein.»

Das Schweinchen mag nicht mehr draußen sein.
Es klopft an die Tür und will auch herein:
«Goldöchslein», ruft es, «laß mich ins Haus!
Ich halte die Kälte nicht länger aus.»

Das Öchslein schaut aus der Türe und spricht:
«Ein Häuschen bauen wolltest du nicht,
und jetzt willst du ohne Mühe herein? –
Nun komm, es wird schon noch Platz für dich sein!»

So sind die Tiere zum Öchslein gekommen.
Das Öchslein hat alle aufgenommen.
Nun wohnen die fünf zusammen im Haus.
Sie gehen den ganzen Winter nicht aus.

Dann kommt der Frühlings-Sonnenschein
und blinkt durch's Fenster ins Häuschen hinein.
Da halten's die Tiere nicht länger aus.
Sie hupfen der Reihe nach aus dem Haus.

Erst springen Schweinchen und Schafbock hinaus.
Dann kommen Hähnchen und Hühnchen heraus.
Das Öchslein will auch aus dem Hause gehn.
Es sagt: «Welch ein Glück! –
Die Welt blieb doch stehn!»

Spielführung

Für dieses Spiel braucht man viel Ruhe. Der Text wird langsam gesprochen, er richtet sich ganz nach den Bewegungen der Tiere. Mit zwei Händen kann man natürlich nicht alle Tiere auf einmal führen.
Wenn Hühnchen und Hähnchen unter dem Baum sind, nimmt man die Nuß und läßt sie herunterfallen, so daß möglichst das Plumpsen hörbar ist. Nacheinander werden die Tiere, von denen die Rede ist, bewegt und wieder abgesetzt.
Schließlich baut das Öchslein sein Haus: Dafür wird nun der Henkelkorb nach vorne gekippt, so daß die Öffnung zur Zuschauerebene zeigt. Das darüberliegende Spieltuch verdeckt den Eingang. Das Öchslein zieht in das Haus ein. Die Türe wird geschlossen (Spieltuch darüber). Wenn nun nacheinander die Tiere kommen, wird die Tür jedes Mal nur einen Spalt breit geöffnet (Spieltuch zur Seite), so daß das Öchslein gerade herausgucken kann. Es läßt das jeweilige Tier ein und schließt gleich wieder die Türe. (Spieltuch darüber).
Wenn es heißt: «Der Boden ist vom Schnee ganz weiß», zieht man das vorbereitete weiße Spieltuch vor Öchsleins Haus. Beim Frühlings-Sonnenschein wird es wieder entfernt.

Abb. 69

Maiskorn

Vorbereiten

- Hänschen
- Alter Mann
- Fensterbank
- Hühnchen
- Bäuerin
- Schweinchen
- Gastwirt
- Kälbchen
- Weiblein

Spielaufbau

Es wird eine Spiellandschaft aufgebaut und nach Belieben gestaltet. Für Hütte, Bauernhof, Gasthof und Häuschen werden vier Häuser vorbereitet. Vor der Hütte des alten Mannes kann ein Spielklötzchen als Fensterbank dienen. Schweinestall, Kuhstall und Hausdach lassen sich mit den Enden der Spieltücher andeuten, mit denen die Häuschen abgedeckt sind. Zu Spielbeginn ist nur das Hänschen zu sehen, alle anderen Figuren sind noch hinter den Spieltüchern verborgen: Der alte Mann ist in der Hütte, die Bäuerin im Bauernhof, der Gastwirt im Gasthof und das Weiblein im Häuschen, auch Hühnchen, Schweinchen und Kälbchen sind schon vorbereitet, aber von der Zuschauerseite aus noch nicht zu sehen.

Das Hänschen ist ganz allein und verlassen.
Nur ein Maiskorn hat man ihm gelassen.

Da zieht Hänschen fort mit frischem Mut.
Das Maiskorn ist sein einziges Gut.
Tapfer wandert das Hänschen voran.
Am Abend klopft's bei einer Hütte an.

Ein alter Mann läßt das Hänschen herein.
Es darf über Nacht in der Hütte sein.
Das Hänschen schaut sein Maiskorn an,
dann sagt es zu dem alten Mann:

«Mein größter Schatz ist dieses Korn.
Wo geht es die Nacht über nicht verlorn?» –

– «Hier auf der Fensterbank ist's gut geborgen.
Dort liegt es sicher bis zum Morgen.
Da kannst du ganz beruhigt sein.» –

Hänschen ist müde. Es schläft gleich ein.
(Kleine Pause)

Am Morgen, als die Sonne lacht,
ist das Hänschen aufgewacht.
Es guckt zur Fensterbank hinauf.
Da pickt grad das Hühnchen sein Maiskorn auf.

Hänschen weint. Oh je – oh Schreck!
Sein einzig Gut – nun ist es weg!

Da bringt der Mann ein Hühnchen daher:
«Nimm das dafür und weine nicht mehr.»

So zieht Hänschen weiter mit frischem Mut.
Das Hühnchen ist nun sein einziges Gut.
Tapfer wandert das Hänschen voran.
Am Abend kommt es bei einem Bauernhof an.

Die Bäuerin läßt das Hänschen herein.
Es darf über Nacht im Bauernhof sein.
Das Hänschen schaut sein Hühnchen an.
Es sagt zu der Bäuerin dann:

«Mein größter Schatz ist dieses Huhn.
Wo kann es die Nacht über sicher ruhn?» –

– «Hier im Schweinestall ist's gut geborgen.
Da schläft es sicher bis zum Morgen.
Du kannst ganz beruhigt sein.» –

Abb. 70

Das Hänschen ist müde. Es schläft gleich ein.
(Kleine Pause)

Am Morgen als die Sonne lacht,
da ist das Hänschen aufgewacht.
Es guckt gleich in den Stall hinein.
Da ist's Hühnchen fortgejagt vom Schwein.

Hänschen weint, oh je – oh Schreck!
Sein einzig Gut – nun ist es weg!

Da bringt die Bäuerin ein Schweinchen daher:
«Nimm das dafür und weine nicht mehr.»

Hänschen geht weiter mit frischem Mut.
Das Schweinchen ist nun sein einziges Gut.
Tapfer wandert das Hänschen voran.
Am Abend klopft's bei einem Gasthof an.

Der Gastwirt läßt das Hänschen herein.
Es darf über Nacht in dem Gasthof sein.
Das Hänschen schaut sein Schweinchen an,
und es sagt zum Gastwirt dann:

«Mein größter Schatz ist dieses Schwein.
Wo stell ich's die Nacht über sicher ein?» –

– «Hier im Kuhstall ist es gut geborgen.
Dort bleibt es sicher bis zum Morgen.
Da kannst du ganz beruhigt sein.» –

Hänschen ist müde. Es schläft gleich ein.
(Kleine Pause)

Am Morgen als die Sonne lacht,
ist das Hänschen aufgewacht.
Es guckt gleich in den Stall hinein.
Da ist es verschwunden, das liebe Schwein.

Hänschen weint, oh je – oh Schreck!
Sein einzig Gut – nun ist es weg!

Da bringt der Gastwirt ein Kälbchen daher:
«Nimm das dafür und weine nicht mehr.»

Hänschen geht weiter mit frischem Mut.
Das Kälbchen ist nun sein einziges Gut.
Tapfer wandert das Hänschen voran.
Am Abend kommt's bei einem Häuschen an.

Ein Weiblein läßt das Hänschen herein.
Es darf über Nacht im Häuschen sein.
Das Hänschen schaut sein Kälbchen an,
und es sagt zum Weiblein dann:

«Mein größter Schatz ist dies Kälbelein,
Wo stell ich's die Nacht über sicher ein?»

– «Hier unterm Hausdach ist's gut geborgen.
Dort steht es sicher bis zum Morgen.
Da kannst du ganz beruhigt sein.» –

Hänschen ist müde. Es schläft gleich ein.
(Kleine Pause)

Abb. 71

Am Morgen, als die Sonne lacht,
da ist das Hänschen aufgewacht.
Es geht gleich vor das Hausdach hinaus.
Das Kälbchen steht nicht mehr vor dem Haus.

Hänschen weint, oh je – oh Schreck!
Sein einzig Gut – nun ist es weg!

Das Weiblein ruft: «Du dauerst mich sehr!
Wie gern gäb ich dir 'was anderes her.
Ach was könnt ich dir denn nur geben?
Ich hab ja kaum selber genug zum Leben.

Aber – ich weiß einen guten Rat:
Wo einer ist, wird auch ein zweiter satt.
Liebes Hänschen, bleibe bei mir,
dann hast du ein Zuhause hier.
Solang du magst, kannst du hier verweilen.
Was ich hab, will ich mit dir teilen.»

So muß das Hänschen nun nicht mehr fort.
Ja, es bleibt gerne beim Weiblein dort!
Ein Zuhause! Das gefällt ihm gut.
Hänschen hat wieder frischen Mut.
Es bleibt bei dem Weiblein ohne Sorgen.
Dort ist das Hänschen wohlgeborgen.
Der Bub und das Weiblein freuen sich sehr:
Alleine sind sie nun beide nicht mehr.

Spielführung

Mit einer Hand wird das Hänschen bewegt. Es klopft nacheinander bei den vier verschiedenen Häusern an (Klopfzeichen auf ein Stück Holz). Das Hänschen wird immer wieder kurz abgestellt, wenn es zu einem Haus kommt. Da wird ihm die Tür aufgetan – man nimmt das darüberhängende Spieltuch zur Seite und führt die Figur heraus, die in dem Haus wohnt. Wenn Hänschen ins Haus hereingeht, um zu schlafen, wird es wieder geschlossen. Es entsteht eine kleine Pause. In dieser Pause kann etwas Musik erklingen.
Musik paßt auch gut zum Beginn und zum Ende des Puppenspieles. Es genügt schon eine einfache gesummte Melodie, einige Töne auf der Kinderharfe oder auf der Kantele.
Ein bißchen Geschick braucht man, wenn die Tiere, die Hans gewonnen hat, am nächsten Morgen nicht mehr da sein sollen. Wenn das Hühnchen, das Schweinchen und das Kälbchen die Nacht über eingestellt werden, schiebt man sie am besten so tief in das Spieltuch hinein, daß sie von der Zuschauerseite aus nicht mehr zu sehen sind. – Vor dem Spiel unbedingt ausprobieren, damit die Geschichte für die Kinder glaubwürdig ist.

Juraj mit dem Zaubersäcklein

Vorbereiten

- Juraj
- Mütterchen
- Kälbchen
- Alter Mann
- Zaubersäcklein
- Trommler
- Prinzessin
- König
- Häuschen
- Schloß
- Hintergrund

Spielaufbau

Es wird eine Spiellandschaft aus Spieltüchern vorbereitet. Auf der einen Seite steht das Häuschen, auf der anderen Seite das Schloß. Das Häuschen ist selbstverständlich kleiner und auch nicht so farbenprächtig wie das Schloß.

Zwischen Schloß und Häuschen kann man noch einen Hintergrund aufbauen. Dahinter können die Figuren und Gegenstände vorbereitet sein, die erst später gebraucht werden: das Kälbchen, der alte Mann, das Zaubersäcklein, der Trommler. Der König und die Prinzessin warten im Schloß. Sie werden erst herausgeführt, wenn Juraj kommt.

Für dieses Spiel können auch einfache Spielpuppen verwendet werden (s. Kap. 8). Wenn das Schloßtor sich auftut, dann ist es für die Kinder immer eine Freude zu sehen, wie der König und auch die Prinzessin mit goldenen Kronen angetan sind. Solche Kronen lassen sich aus Goldpapier ausschneiden und mit wenigen Stichen mit gelbem Nähfaden am Kopf festnähen.

In einem Häuschen, ärmlich und klein,
wohnt Juraj mit seinem Mütterlein.
Die beiden leben in großer Not.
Oft gibt es nicht mal ein Stück Brot.
Da hält es den Juraj nicht länger zu Haus:

«Mutter, ich will in die Welt hinaus.
Laß mich fort auf Wanderschaft gehn,
und mich nach einer Arbeit umsehn.» –

– «Meinen Segen geb' ich dir.
Ich bleibe in dem Häuschen hier.»

So zieht der Juraj also fort.
Er findet Arbeit an anderem Ort.
Als Lohn erhält er ein Kälbchen dann.
Er kommt damit bei der Mutter an.

Das Kälbchen weidet vor dem Haus.
Doch bald schon ist das Futter aus.
So muß also Juraj das Kälbchen verkaufen.
Da sieht man ihn zum Marktplatz laufen.

Juraj treibt sein Kälbchen voran.
Da spricht ein alter Mann ihn an:

– «He, Bursche, ich hab ein Säcklein bei mir!
Laß mir dein Kälbchen, dann geb ich's dir.» –

– «Ein Säcklein sagst du? O nein, o nein!
Dafür tausch' ich mein Kälbchen nicht ein.» –

– «Vielleicht brauchst du es, irgendwann,
denn dies ist ein Säcklein das zaubern kann!» –

– «Ein Zaubersäcklein? – Das bräuchte ich schon.
Was kann es denn? Erzähl mir davon!» –

– «Nun höre zu und bedenke es wohl:
Wenn du willst, daß jemand in Schlaf fallen soll,
dann flüstere nur in das Säcklein hinein,
und eins, zwei, drei, schläft der andere ein.» –

– «Ja wenn das so ist, dann tausche ich schon.» –

Der Mann nimmt das Kälbchen und eilt davon.
Juraj geht mit dem Säcklein nach Haus.
Dort wartet die Mutter. Sie fragt ihn gleich aus:

«Was hast du denn für das Kälbchen bekommen?» –

– «Dieses Säcklein hab ich dafür genommen!» –

– «Juraj, sag nur, was fällt dir ein?» –

Voll Zorn schlägt die Mutter auf ihn ein.
Da flüstert Juraj ins Zaubersäcklein:
«Mutter, schlaf für ein Stündchen ein!»

Da schläft die Mutter und Juraj geht fort.
Er sucht sein Glück an anderem Ort.

Er geht vergnügt so vor sich her.
Da kommt des Königs Trommler daher:

– «Ta ta tam, ta ta tam,
hört ihr Leute, hört mich an:
Des Königs Tochter leidet sehr.
Sie schläft seit Wochen gar nicht mehr,
ta ta tam, ta ta tam.

Wer kann die Prinzessin heilen,
der soll gleich zum Schloß hin eilen.
ta ta tam, ta ta tam.
Sie nimmt den zum Ehemann,
der ihr endlich Schlaf bringen kann.
ta ta tam, ta ta tam.»

Als Juraj das hört, da strahlt sein Gesicht:
Er jubelt: «O Glück, entgehe mir nicht!»
Schon sieht man ihn zum Königsschloß eilen.
Dort sagt er: «Ich kann die Prinzessin heilen!»

Da wird das Tor ihm aufgetan.
Man führt ihn in den Thronsaal dann.
Juraj bleibt ganz verwundert stehn:
Oh die Prinzessin! – Wie ist sie schön!

Der König schaut den Burschen an:
«Und du kannst helfen? – Nur zu, fang an!»

Da flüstert Juraj ins Zaubersäcklein:
«Prinzessin, schlaf für ein Stündchen ein.»

(kleine Pause)

Als die Prinzessin nach einer Stunde erwacht,
da hat der Juraj fröhlich gelacht:
«Liebe Prinzessin, jetzt bist du mein.
und bald schon wird die Hochzeit sein.»

Doch der König geht darauf nicht ein:
«Meine Tochter ist noch längst nicht dein!
Ein Stündchen Schlaf – was ist das schon.
Die Prinzessin ist nicht geheilt davon!»

Da flüstert Juraj ins Zaubersäcklein:
«Prinzessin, schlafe für einen Tag ein.»

(kleine Pause)

Als die Königstochter nach einem Tag erwacht,
da hat der Juraj fröhlich gelacht:
«Liebe Prinzessin, jetzt bist du mein,
und bald schon wird die Hochzeit sein.»

Doch der König geht darauf nicht ein:
«Meine Tochter ist noch immer nicht dein.
Ein Tag Schlaf, was ist das schon?
Die Prinzessin ist nicht geheilt davon.»

Da flüstert Juraj ins Zaubersäcklein:
«Prinzessin, schlaf für eine Woche ein.»

(kleine Pause)

Nun schläft die Prinzessin – tagelang!
Dem König wird es schon ganz bang:

Abb. 72

«Die Tochter schläft nur, was soll ich tun?
Sie wacht gar nicht auf. – Was mach ich denn nun!
Ach, hätt ich sie nur dem Juraj gegeben,
dann müßt ich nicht solchen Kummer erleben!»

Endlich ruft er den Juraj dann:
«Juraj, du bist der richtige Mann!
Ich löse jetzt mein Versprechen ein:
Juraj, du sollst meine Tochter frein!
Wecke sie auf, dann ist sie dein.»

Juraj hüpft und springt und lacht.
Da ist die Prinzessin aufgewacht.

– «Liebe Prinzessin, jetzt bist du mein,
und morgen soll die Hochzeit sein.»

Nun ist die Freude riesengroß.
Man holt auch Juraj's Mutter ins Schloß.
Beim Hochzeitsfest mit glänzender Pracht.
da wird gesungen, getanzt und gelacht.

Abb. 73

Spielführung

Das Häuschen wird geöffnet. Juraj und seine Mutter kommen heraus. Sie sprechen miteinander. Die Mutter kehrt ins Häuschen zurück (Spieltuch darüber) und Juraj geht auf Wanderschaft. Er wird langsam weiterbewegt bis hinter den Bühnenhintergrund. Dort holt er das Kälbchen. Er bringt es zum Häuschen der Mutter und läßt es dort weiden.

Juraj macht sich wieder auf den Weg. Der alte Mann wird nach vorne geführt. Er tauscht mit Juraj und verschwindet hinter der Bühne.

Juraj geht nach Hause. Die Mutter kommt aus dem Häuschen. Wenn sie von Juraj zum Schlafen verzaubert wird, wird sie hineingelegt und die Tür wird zugemacht (Spieltuch darüber).

Juraj wird weitergeführt. Aus dem Bühnenhintergrund taucht der Trommler auf. Er sagt seinen Spruch und verschwindet wieder.

Juraj kommt in das Königsschloß. Die Prinzessin und der König kommen nach vorne. Wenn die Prinzessin in den Schlaf gezaubert ist, wird sie ein wenig zur Seite gelegt und mit einem Spieltuchzipfel zugedeckt.

Zum Schluß kommt die Mutter herbei und alle Figuren werden zum Tanze geführt.

Dieses Spiel bekommt einen besonderen Ausdruck, wenn es am Anfang, am Schluß und in den Pausen von etwas Musik begleitet wird. Es genügt schon, eine kleine Weise zu summen, ein zartes Glöckchen zu läuten oder ein paar Takte auf der Kinderharfe zu spielen.

Abb. 74

Stroh-Öchslein

Vorbereiten

– Großmütterchen
– Großväterlein
– Haus mit Schuppen
– Öchslein
– «Teer»
– Bär
– Wolf
– Fuchs
– Bienenkorb
– Schafe
– Hühner
– Bühnenhintergrund

Spielaufbau

Mit Spieltüchern eine Landschaft aufbauen und nach Belieben ausgestalten.
Seitlich steht das Haus von Großmütterchen und Großväterlein. Die beiden warten darinnen. Ein großes Spieltuch genügt, um den Hauseingang zu verdecken und gleich neben dem Haus den Schuppen anzudeuten, in dem nachher die Tiere verschwinden.
Das Stroh-Öchslein wartet hinter dem Häuschen. Das Stroh-Öchslein läßt sich aus Bast (Stroh nicht geeignet!) herstellen (Verfahrensweise wie bei den Tieren in Kapitel 8). Als Teer kann man etwas schwarze Märchenwolle verwenden. Sie liegt in oder neben dem Häuschen bereit.
Bär, Wolf und Fuchs stehen hinter dem Bühnenhintergrund. Dort sind auch Bienenkorb, Schafe und Hühner vorbereitet. Als Bienenkorb kann z.B. ein Stück gelbes Knetwachs dienen.

Großmütterchen und Großväterlein
wohnen am Waldesrand – ganz allein.
Am Abend, als alle Arbeit getan.
sagt Großmütterchen zu ihrem Mann:

«Wir leben gar so alleine hier.
Wir haben nicht einmal ein Tier.
Ich hätt gern ein Öchslein, das wäre schön!
Dann könnt ich mit ihm zur Weide gehn.»

Hinter's Haus geht nun Großväterlein
und bindet aus Stroh ein Öchselein.
Dann streicht er es mit Teer noch ein.

«Oh, Großväterlein, das Öchslein ist schön!
Ich will mit ihm zur Weide gehn.»

So zieht das Großmütterchen hinaus
und hütet das Öchslein hinter dem Haus.

Großmütterchen (singt)

«Grase mein liebes Öchselein.
Suche dir Kräuter frisch und fein.» (wdh.)

Doch Großmütterchen schläft ein gar bald.
Da trottet der Bär schon aus dem Wald.
Er tapst herum um das seltsame Tier:
«Wer bist du», fragt er, «was machst du hier?»

– «Stroh-Öchslein heiß ich. Ich weide hier!» –

– «Was du nicht sagst: Aus Stroh bist du?» –

– «Und eingeschmiert mit Teer dazu.» –

– «Gib mir Stroh und gib mir Teer!
Ich hab eine Wunde, die heilt so schwer.» –

Da packt der Bär das Stroh-Öchslein an.
Aber denkt nur: Nun klebt er daran.
Und wie er auch zappelt, hin und her:
Los kommt er von allein nicht mehr.

Stroh-Öchslein stampft.
Jetzt streckt es sich aus.
Dann schleppt es den schweren Bären nach Haus.

Vom Lärm ist das Großmütterchen erwacht.
«Großväterlein», ruft es, «ein Bär – hab acht!»

Sie ziehen den Bären herunter zu zwein
und sperren ihn in den Schuppen ein.

Großmütterchen holt das Öchselein.
Sie will bei ihm auf der Weide sein.

Großmütterchen (singt):

«Grase mein liebes Öchselein.
Suche dir Kräuter, frisch und fein.» (wdh.)

Doch Großmütterchen schläft ein gar bald.
Plötzlich springt der Wolf aus dem Wald.
Er geht herum um das seltsame Tier:
«Wer bist du», fragt er, «was machst du hier?» –

– «Stroh-Öchslein heiß ich. Ich weide hier!» –

– «Was du nicht sagst: Aus Stroh bist du?» –

– «Und eingeschmiert mit Teer dazu.» –

– «Gib mir Stroh und gib mir Teer.
Ich hab eine Wunde, die heilt so schwer.» –

Da packt der Wolf das Stroh-Öchslein an.
Aber denkt nur: Nun klebt er daran!
Und wie er auch zappelt, hin und her:
Los kommt er von allein nicht mehr.

Stroh-Öchslein stampft.
Jetzt streckt es sich aus.
Dann schleppt es auch den Wolf nach Haus.

Vom Lärm ist das Großmütterchen erwacht.
«Großväterchen», ruft es, «ein Wolf – hab acht!»

Sie ziehen den Wolf herunter zu zwein
und sperren ihn in den Schuppen ein.

Großmütterchen holt das Stroh-Öchslein.
Sie will bei ihm auf der Weide sein.

Großmütterchen (singt):

«Grase mein liebes Öchselein.
Suche dir Kräuter frisch und fein.» (wdh.)

Doch Großmütterchen schläft ein gar bald.
Plötzlich kommt der Fuchs aus dem Wald.
Er schleicht herum um das seltsame Tier:
«Wer bist du?» fragt er, «was machst du hier?»

– «Stroh-Öchslein heiß ich. Ich weide hier!» –

– «Was du nicht sagst: Aus Stroh bist du?» –

– «Und eingeschmiert mit Teer dazu.» –

Abb. 75

Abb. 76

– «Gib mir Stroh und gib mir Teer.
Ich hab eine Wunde, die heilt so schwer!» –

Da packt der Fuchs das Stroh-Öchslein an.
Aber denkt nur: Nun klebt er daran!
Und wie er auch zappelt: hin und her:
Los kommt er von allein nicht mehr.

Stroh-Öchslein stampft.
Jetzt streckt es sich aus.
Dann schleppt es auch den Fuchs nach Haus.

Vom Lärm ist das Großmütterchen erwacht.
«Großväterlein», ruft es, «ein Fuchs – hab acht!»

Sie ziehen den Fuchs herunter zu zwein
und sperren ihn in den Schuppen ein.

(Pause. Stroh-Öchslein geht hinter das Haus. Großmütterchen verschwindet im Haus und macht die Türe hinter sich zu.)

Großväterlein hat keine Ruh!
Er schleift sein Messer und singt dazu:

«Wetze, wetze, wetz den Stein,
das Messer muß geschliffen sein.»

Was klingt da so seltsam vor dem Haus?
Der Fuchs steckt die Nase zur Tür heraus:

«Großväterlein, was soll das Messer dort?
Sag, warum wetzt du es immerfort?» –

– «Damit ich den Pelz dir abziehen kann.
Draus mach ich mir eine Mütze dann.» –

– «Aber Großväterlein! – Der Pelz gehört mir!
Laß mich frei, dann bring ich Hühner dir.» –

– «Hühner bringst du mir nach Haus?
Na gut, dann laß ich dich heraus.» –

Großväterlein hat keine Ruh!
Er schleift sein Messer und singt dazu:

«Wetze, wetze, wetz den Stein,
das Messer muß geschliffen sein.»

Was klingt da so seltsam vor dem Haus?
Der Wolf steckt die Nase aus zur Tür heraus:

«Großväterlein, was soll das Messer dort?
Sag, warum wetzt du es immerfort?» –

– «Damit ich den Pelz dir abziehen kann.
Draus mach ich mir eine Weste dann.» –

– «Aber Großväterlein! – Der Pelz gehört mir!
Laß mich frei, dann bring ich Schäflein dir.» –

– «Schäflein bringst du mir nach Haus?
Na gut, dann laß ich dich heraus.» –

Großväterlein hat keine Ruh!
Er schleift sein Messer und singt dazu:

«Wetze, wetze, wetz den Stein,
das Messer muß geschliffen sein.»

Was klingt da so seltsam vor dem Haus?
Der Bär steckt die Nase zur Tür heraus:

«Großväterlein, was soll das Messer dort?
Sag, warum wetzt du es immerfort?» –

– «Damit ich den Pelz dir abziehen kann.
Draus mach ich mir einen Mantel dann!» –

– «Aber Großväterlein! – Der Pelz gehört mir!
Laß mich frei, dann bring ich Honig dir.» –

– «Honig bringst du mir nach Haus?
Na gut, dann laß ich dich heraus.» –

Nun dunkelt es schon und Großväterlein
geht jetzt auch in das Haus hinein.
Er ist rechtschaffen müde nun.
Es ist spät, und es ist Zeit zu ruhn.

Großmütterchen und Großväterlein
schlafen beide ganz fest ein.

Dann in der Nacht – eins, zwei, drei,
kommen all die Tiere herbei:
Der Bär tapst auf leisen Pfoten ganz sacht:
Er hat einen Bienenkorb mitgebracht.
Doch der Bär ist nicht allein.
Der Wolf läuft mit Schafen hinterdrein.
Schließlich schleicht noch der Fuchs heran.
Er kommt mit ein paar Hühnern an.
Dann eilen Bär, Wolf und Fuchs wieder fort.

Jetzt regt sich etwas im Häuschen dort:

Großmütterchen spitzt zur Türe heraus.
und auch das Großväterlein guckt heraus.
Oh! – Die beiden staunen gar sehr:
Wo kommen nur all die Tierlein her?

Großväterlein freut sich und Großmütterchen lacht:
«Das Stroh-Öchslein hat uns Glück gebracht.»

Stroh-Öchslein stampft.
Jetzt streckt es sich aus.
Nun bleibt es nicht mehr länger beim Haus.
Es läuft und läuft über Berg und Tal.
Wer weiß wohin? – Vielleicht seht ihr es mal?

Spielführung

Etwas Musik kann dieses Puppenspiel einrahmen. Gespielt wird am Anfang und am Ende und auch in kleinen Pausen zwischendurch, z.B. wenn Großmütterchen schläft.

Wenn am Anfang Musik gespielt wird, bleibt die Märchenwolke noch über dem Spiel. Dann wird sie behutsam beiseite genommen.

Zu Beginn des Spieles wird das Haus geöffnet. Großmütterchen und Großväterlein werden herausgeholt. Sie werden nur leicht bewegt, wenn sie miteinander sprechen.

Großmütterchen wird abgestellt, wenn Großväterlein das Stroh-Öchslein holt: Er geht hinter das Haus, macht sich dort etwas zu schaffen und bringt schließlich das Stroh-Öchslein wieder nach vorne.

Der Spieler zieht dem Stroh-Öchslein nun die vorbereitete schwarze Märchenwolle über.

Großmütterchen und das Öchslein werden ein Stück weiter zur Weide bewegt. Großväterlein bleibt beim Haus.

Wenn Großmütterchen singt und später auch das Großväterlein, kann die Strophe in einer einfachen selbsterfundenen Melodie gesungen und öfter wiederholt werden. Wenn Großmütterchen dann einschläft, wird sie zur Seite gelegt und sanft in eine Spieltuchfalte geschoben.

Aus dem Bühnenhintergrund kommen nach und nach Bär, Wolf und Fuchs. Wenn Großmütterchen erwacht, wird es aufgerichtet. Sie zieht mit Großväterlein Bär, Wolf und Fuchs herunter. Sie werden möglichst tief in den Schuppen hinein geschoben (evtl. mit der Hand nachhelfen).

Nach der Pause ist Großväterlein allein auf der Bühne. Er schleift – symbolisch – sein langes Messer.

Dann braucht man beide Hände: Das Spieltuch vor dem Schuppen wird so weit gelüpft, daß gerade der Fuchs herausschauen kann. Großväterlein öffnet die Türe des Schuppens und der Fuchs verschwindet im Bühnenhintergrund – (das Gleiche geschieht mit Wolf und Bär).

Großväterlein geht nun auch ins Haus (Tuch davor).

Einer nach dem anderen werden jetzt Bär, Fuchs und Wolf vor das Häuschen geführt. Sie laden ihre Schätze ab, dann verschwinden sie im Hintergrund.

Die Türe vom Haus wird geöffnet. Großmütterchen und Großväterlein spitzen heraus.

Das Stroh-Öchslein kommt hervor und läuft über die ganze Bühne – bis es nicht mehr zu sehen ist.

Literaturangaben

Weitere Anregungen für Puppenspiele und zum Färben mit Pflanzen sind zu entnehmen aus:

Arbeitsmaterial aus den Waldorfkindergärten:
Hänschen Apfelkern (Heft 8)
Kleine Märchen und Geschichten (Heft 5)
Rhythmen und Reime (Heft 6)
Färben mit Pflanzen (Heft 3)

(Alle Hefte sind im Verlag Freies Geistesleben erschienen.)

Schöpferisches Gestalten mit Farben,
Methodisches Arbeitsbuch Band IV von Anke-Usche Clausen und Martin Riedel, Mellinger Verlag, Stuttgart

Quellenangaben

«Der Zauberer», S. 18
«Der Pfannekuchen», S. 49
«Die Hasen und der Jäger», S. 53
nach Hedwig Diestel,
Verse zur Eurythmie für Kinder.
Verlag Die Pforte, Basel.

«Der Schäfer Hinkefuß», S. 18
«Kleines Hirtenspiel», S. 21 (verändert)
«Hier ist ein Berg», S. 50
aus Hedwig Diestel, *Kindertag.*
Verlag Freies Geistesleben, Stuttgart.

Bezugsquellen

Die in diesem Buch verwendeten Materialien sind zu erhalten bei:

Wollvlies

Deutsche Wollverwertung
Finninger Straße 60
89204 Neu-Ulm
Kardierte Wolle feinweiß 210 KF
Kardierte Wolle feinbraun 272 KB
Tel. 0731 / 75 091
Fax 0731 / 72 42 49

Baumwollnessel

L. Val. Eckhard GmbH
Tuchhandelshaus seit 1876
Josephspitalstraße 15
80331 München
140 cm breit, Nr. 415.07020.140
Tel. 089 / 260 80 00
Fax 089 / 550 36 74

Musikinstrumente

Kunst und Spiel
Hammerschmiedstraße 17
86492 Egling
Tel. 08206 / 70 77
Fax 08206 / 60 62

Märchenwolle

Wegen der notwendigen Qualität können nur die angegebenen Bezugsquellen empfohlen werden.

Die Lebensgemeinschaft e.V.
Färberei auf dem Richthof
D-36110 Schlitz-Richthof
Tel. 06653 / 14 51

Kinderbuchladen
Engelgasse 11
CH-9000 St. Gallen
Tel. 071 / 23 16 46
Fax 071 / 23 81 91

Kunst und Spiel
Hammerschmiedstraße 17
86492 Egling
Tel. 08206 / 70 77
Fax 08206 / 60 62

Färbegut

Zutaten zum Färben, Beizen und Entwickeln:

Kunst und Spiel
Hammerschmiedstraße 17
86492 Egling
Tel. 08206 / 70 77
Fax 08206 / 60 62

Bücher für die Familie

Frühjahrsschmuck

Anregungen zum Basteln und Schmücken
von Thomas und Petra Berger
88 Seiten mit zahlreichen farbigen Abbildungen
und Fotos, gebunden

Herbstschmuck

Anregungen zum Basteln und Schmücken
von Thomas Berger
80 Seiten mit zahlreichen Abbildungen und farbigen
Fotos, gebunden

Weihnachten

Anregungen zum Basteln und Schmücken
von Thomas Berger
86 Seiten mit zahlreichen farbigen Abbildungen und
Zeichnnungen, gebunden

Jahreszeitentische

Anregungen zur Gestaltung des Jahreslaufs in der Familie
von Marjolein van Leeuwen und Jos Moeskops
96 Seiten mit zahlreichen farbigen und schwarzweißen
Abbildungen, gebunden

Laßt Schmetterlinge fliegen!

Praktische Anregungen zur Schmetterlingszucht für Eltern
und Kinder von Peter Lange
67 Seiten mit zahlreichen farbigen Fotos von
Gerhard Sturm, gebunden

Sonne, Mond und Sterne

Eine Entdeckungsreise in die Astronomie
von Elisabeth Mulder
93 Seiten mit zahlreichen Zeichnungen und einer dreh-
baren Sternkarte zur konkreten Orientierung am Himmel